Explorer of

Salute&Discovery

Finance

**金融探索者**·致敬与发现

金融探索者 · 致敬与发现

Explorer of Finance　Salute&Discovery

Private Placement Debt Financing:
International Experience and Development
Opportunities

张　帅　著

# 私募债券融资：
# 国际经验和发展机遇

经济管理出版社
ECONOMY & MANAGEMENT PUBLISHING HOUSE

图书在版编目（CIP）数据

私募债券融资：国际经验和发展机遇/张帅著.—北京：经济管理出版社，2019.1
ISBN 978-7-5096-6357-8

Ⅰ.①私…　Ⅱ.①张…　Ⅲ.①企业融资—债券融资—研究　Ⅳ.①F275.1②F830.45

中国版本图书馆CIP数据核字（2019）第017408号

组稿编辑：宋　娜
责任编辑：许　艳
责任印制：黄章平
责任校对：王淑卿

出版发行：经济管理出版社
　　　　　（北京市海淀区北蜂窝 8 号中雅大厦 A 座 11 层　100038）
网　　　址：www.E-mp.com.cn
电　　　话：（010）51915602
印　　　刷：三河市延风印装有限公司
经　　　销：新华书店
开　　　本：720mm×1000mm/16
印　　　张：13.75
字　　　数：186千字
版　　　次：2019年10月第1版　2019年10月第1次印刷
书　　　号：ISBN 978-7-5096-6357-8
定　　　价：98.00元

# 序

　　金融及金融市场的发展是一把双刃剑，这使如何发展金融业及金融市场成为一个突出的问题，同时又是一个难题。提高金融市场的效率大体上得到了较为一致的认同，即不发展金融市场通常会带来较低的效率，影响经济的发展。然而如何发展却充满争议：金融市场高收益与高风险相对应，同时，行业本身的收益与社会收益不完全对等，存在一定的"外部性"。例如，实施理想的快速金融发展政策，放松管制，能够推动金融市场的发展，但有可能引起过高的风险，而一旦产生金融问题，金融体系本身并不能负担这种风险，最终往往可能又是全社会"买单"。对于中国而言尤为如此，"股灾"、"跑路潮"等层出不穷，金融市场监管的缺陷导致市场波动巨大，最终买单的往往都是普通百姓。这些金融"乱象"直接导致了广为诟病、又无处不在的直接干预，这种形形色色的"看得见的手"进一步导致了金融市场的滞后和低效，严格管制自然与低收益低风险相对应。

　　相应地，如何看待债券市场也是同样的道理：需要恰当权衡风险和收益。债券市场发展的必要性在于健全金融市场，满足不同行为主体的融资需求，如很长时间都悬而未决的中小企业融资需求问题。中小企业往往被认为是未来创新的重要组成部分，被各方寄予厚望，但长期以来，金融市场发展并不完善，缺乏为中小企业提供融资的市场化制度安排，大量中小微企业处于民间融资的灰色地带中。以银行信贷为主的间接融资方式，基于风险考虑，天然地会避开这些初创期企业以及缺乏抵押担保资产的中小微企业。以证券市场为代表的直接融资在审批式强监管下，企业尤其是中小微企业的融资空间、融资渠道和容量都相对有限，限制了证券市场直接融资方式功能的充分发挥。

我欣喜地看到，作为一种尝试和探索，张帅博士对私募债券市场进行了较为深入的解析和探究，对如何通过债券市场推动金融业的发展，并由此解决中小企业的融资问题做了国际视野层面的研究，给我们带来一个新的和更广阔的图景和思考。

张帅博士的研究提出，发展功能完备的私募债券市场是解决中小微企业融资难、融资贵的重要方向和可行选择。他选择了美国私募债券市场作为参照体系，对其完备的市场化制度安排进行了全方位考察，就其监管成本和资金配置效率、企业信用风险和风险溢价等做了综合评价，认为债券市场为难以通过传统银行信贷和资本市场融资的企业找到了一条可行之路。实践中，美国私募债券在融资规模上高于公募市场，在信用损失率和损失程度上也低于公募债；不仅小微企业在私募债市场融资，大中型企业，甚至包括我国不少企业在内的国际融资者也在美国私募债券市场融资。

同时，张帅博士在书中也对次贷危机进行了一定的分析，从中对金融发展过程的风险问题做了研究，这对于中国未来金融发展也提出了相应的警示。

通过对相关学术论文、研究报告的深入分析和认真梳理，张帅博士尝试为我们描绘出美国私募债券市场的整体图景，涵盖了私募债券法律架构、市场分层结构、发行方式、历史信用违约情况、流动性、私募结构化债券、国际融资者等多个方面，对我国私募债券市场的发展给出了有针对性的意见和建议。

可以预期的是，未来中国的私募债券市场也将逐步发展，而张帅博士的专著具有一定的前瞻性，这意味着本书对监管层和市场参与主体都有较好的参考价值及引领作用。

钟春平　教授

中国社科院财经战略研究院

# 前言

　　党的十九大报告指出："深化金融体制改革，增强金融服务实体经济能力，提高直接融资比重，促进多层次资本市场健康发展。"私募债券融资自2011年交易商协会引入非公开定向融资工具（PPN）和2012年被沪深交易所引入中小企业私募债以来，在业界受到越来越多的探讨和研究，被赋予提高直接融资比例、拓展中小企业融资渠道、降低企业融资成本等重要的历史使命，同时也被期许成为券商服务实体经济、拓展业务空间和实现服务创新的战略性业务发展方向。

　　但私募债券融资在我国的发展并非一帆风顺。在关于私募债券融资的认识中，还存在将私募债等同于垃圾债、用标准化公募债券的思路来发展私募债等误区。在实践中，由于缺乏良好的信用风险反映评价机制、缺少具有信息密集型证券产品投资能力的机构投资者、与私募债券融资相关的法律和监管基础设施不完善等原因，我国私募债券融资出现了"叫好不叫座"的市场困境。

　　"他山之石，可以攻玉。"本书旨在通过总结和梳理私募债券融资市场发展的先进经验，对成熟私募债券融资市场的分层结构、发行方式、信用评级和违约风险防范、市场流动性以及法律基础设施等方面，进行多维度、多视角的综合剖析，以期总结出私募债券融资的本质属性和发展规律，进而为相关机构认识和把握私募债券市场的发展机遇提供经验借鉴。与此同时，在私募债券融资一级市场中，以担保债务凭证（CDOs）为代表的私募结构化债券在我国正处于迅速发展期，包括证券公司在内的国内企业海外私募债券市场融资也方兴未艾，本书对此也进行了考察和研究，认为其中蕴含着巨大的业务机会和发展空间。

在结构安排上，本书第二章至第七章主要是对美国和我国的私募债券融资市场进行比较分析。研究发现：①在市场结构方面，美国债券市场具有明确的分层结构，这种分层是由法律和市场信息结构造成的；②在发行主体方面，美国私募券的发行主体范围较广，包括中小企业、上市公司、国外公司和金融公司；③在发行期限方面，美国私募券的期限以 6 ~ 10 年的中长期为主；④在发行利率溢价方面，美国私募债收益率溢价一般仅为 20BP ~ 60BP，而我国私募债收益率信用溢价则为 500BP ~ 600BP；⑤在参与主体方面，美国私募债市场投资人以各类保险公司为主；⑥在衍生品配套方面，美国信用体系较为完善，从而信用衍生工具、互换类衍生品使用得较多；⑦在融资规模方面，美国私募债市场融资规模近年来都超过公募的股票和债券市场；⑧在流动性溢价方面，美国私募债市场存在一个平均 80BP 左右的流动性溢价，其主要受到发行规模、发行人主体特征和发行期限等因素的影响；⑨以 CDOs 为代表的私募结构化债券是 2008 年全球金融危机爆发和蔓延的重要载体，建立防止风险外溢和扩散机制、重视其私募属性等是金融危机带给我们的重要经验和教训；⑩在利用美国私募债市场进行跨境低成本融资方面，我国房地产企业近年来出现了海外融资的高潮，其背后是美元私募债融资规则的灵活和国内外利率环境的差异。

本书第八章对私募债市场法律和监管进行了国际经验考察。研究认为，正是完善的法律和监管结构使美国私募债市场形成了完善的分层结构，使不同类型的融资者和投资者都能找到适合自身的需求之地，并在监管成本和融资资源配置效率权衡中达到较好的均衡状态。

本书第九章至第十一章主要对我国私募债市场进行考察，首先对私募债市场整体发展状况进行分析；其次基于发行方式、信用分析和流动性分析等视角进行多维度透视，并对中美私募债市场结构和市场环境进行深入的比较分析；最后结合私募债业务实践，在国内金融机构发展中小企业私募债、资产证券化和进行海外私募融资等方面提出相应的政策建议。

# 目录

# 第一章 导论

## 第一节　选题背景和研究意义

### 一、选题背景：直接融资和中小企业融资难

长期以来，我国以间接融资为主的企业融资结构对银行信贷过度依赖，造成宏观经济波动风险在银行体系高度集中，这不仅使金融体系缺少足够的灵活性，而且也是我国融资成本居高不下的重要原因。因此，提高直接融资在社会融资总量中的比重，对提高金融市场效率、防范金融体系风险、降低融资成本具有十分重要的意义，党的十九大报告也为未来金融市场改革指明了方向："深化金融体制改革，增强金融服务实体经济能力，提高直接融资比重，促进多层次资本市场健康发展。"

与此同时，我国中小企业还普遍存在"融资难、融资贵"的难题。世界各国都很重视中小企业生存和发展过程中的问题，美国专门设有小企业管理局，帮助中小企业解决融资和市场等问题。我国虽然目前没有这样的专门机构，但政府高度重视包括中小企业在内的非公有制经济发展，着力解决中小企业"融资难、融资贵"等问题，党的十九大报告中强调"毫不动摇鼓励、支持、引导非公有制经济发展，使市场在资源配置中起决定性作用"。但实践中，中小企业仍长期存在间接融资和直接融资难，特别是作为直接融资的私募债券业务开展也遇到"监督和发行受到行政管理的区隔"问题，没有发挥应有的作用，私募债券融资存在国内外"冰火两重天"的现象，这是本书的研究背景。

因此，在提高以债券为代表的直接融资比重、解决企业特别是中小企业融资难的探索中，私募债券融资方式被赋予了新的历史使命，一经推出就受到学术界和实务界等各方的高度关注。

2011 年 4 月 29 日，交易商协会发布了《银行间债券市场非金融企业债务融资工具非公开定向发行规则》，允许非金融企业向特定数量的投资人发行债务融资工具，填补了我国对于非金融企业债务融资工具非公开定向发行相关制度的空白。2012 年 5 月 22 日，沪深交易所双双发布了《中小企业私募债券业务试点办法》，标志着中小企业私募债业务试点正式启动，我国中小企业私募债开始登上资本市场舞台。

## 二、中小企业私募债遭遇"叫好不叫座"

我国私募债券融资遭遇了"叫好不叫座"的尴尬局面。以沪、深交易所中小企业私募债为例，作为破解中小企业融资难问题的有效途径，其自2012 年 5 月推出之后，就被寄予厚望。截至 2017 年 12 月 31 日，交易所私募债存量 2459 只，发行金额 24016.85 亿元，占同期信用债存量的 7.6%；2012 年以来累计发行 3379 只债券、募集资金 26410.52 亿元，与同期信用债务融资总规模 91.9 万亿元[①] 相比，占比仅为 2.87%。业务各方也尝试通过设立集合资产管理计划将中小企业私募债纳入投资范围，将私募债打包变身资管计划，使"私募债发行难"这一问题再次浮出水面，私募债的融资功能大打折扣。

国际研究经验表明，私募债券作为"既叫好又叫座"的一种融资方式，

---

① 计算中信用债包括企业债、公司债、短融、中期票据等，未包含国债、政策性金融债、地方政府债、政府支持机构债和国际机构债、央票等。

已经成为中小企业获得融资、降低融资成本的重要渠道。在美国和欧盟市场中，私募发债也占据了相当的比例，分别为30%和65%[①]。过去15年，以美国144A私募债为代表的私募发债占高收益债券发行的70%，这也证明了私募债券融资方式的强大吸引力，特别是对于那些不够成熟、风险更高同时在传统融资市场难以获得融资的企业而言。在发展中经济体，智利（2001年引入，下同）、以色列（2005）、马来西亚（2007）、印度（2008）、泰国（2009）、巴西（2009）等国家和地区纷纷引入形式迥异的私募债券融资，以促进本国和地区中小企业融资便利。其中私募发债量占比较高的国家和地区为马来西亚、印度、巴西和泰国，在企业债总的发行规模中的占比分别为99%、80%、70%和36%；值得一提的是泰国，其私募发债量占比为81%。巴西于2009年引入混合型私募发行，而在2010年第一季度到2010年第四季度发行量就表现出了明显的增长态势。

## 三、选题意义

私募债券融资作为一种新的融资方式，被赋予了提高直接融资比例、降低中小企业融资成本、创建多层次资本市场等诸多重任，推出之后被社会各界寄予厚望。但近年的业务实践表明，对私募债券融资方式进行进一步的深入研究，深入挖掘私募债券融资的本质、市场环境、法律基础、信用和违约状况，对我国发展私募债券业务具有重要的理论和现实意义。

从理论上，厘清私募债券发行方式的本质和内涵，透视国际私募债券市场的分层结构及其合理性，总结成熟私募债券市场运行的法律环境和市场要素，特别是私募结构化债券［以担保债务凭证（CDOs）为代表］在2009年国际金融危机中的作用，对我们深化关于私募债券融资方式的理解、构建完善的私募债市场要素和法律环境、进一步促进私募债券融资发展具有重要的

---

① 资料来源：汤姆森金融（Thomson Financial），美国证券和金融市场协会（SIFMA），世界银行（World Bank）。

借鉴和指导意义。

从实践上，私募债券融资业务作为一种非标准化证券，与传统标准化的公司债、企业债业务具有较大区别。私募债券在发达国家债券市场上，占直接融资比例的 30%～60%，据此估算，[1] 我国私募债券未来将有 8 万亿元的发展空间，这将是一片巨大的业务蓝海[2]。分析私募债券市场发展要素，掌握私募和公募债券业务在发行方式、风险管理、市场运行等诸方面的差异和特征，对于相关机构抓住市场机遇、拓展市场机会具有重要的现实意义。

## 第二节　私募债的内涵和分类

### 一、私募债内涵：非公开发行

债券发行一般分为公开发行（Public Offers）和私募发行（Private Palcements）。私募债券（Private Placement Bond）是指向与发行者有特定关系的少数投资者募集的债券，其发行和转让均有一定的局限性。私募债券的发行手续简单，一般不能在证券市场上交易。在欧洲市场上公募债券与私募债券区分并不明显，可是在美国与日本的债券市场上，这种区分较为严格。

各国私募债券在内涵上的区别，主要体现在对公开发行和私募发行的定义上。根据交易商协会 2011 年《银行间债券市场非金融企业债务融资工具非公开定向发行规则》的说明，非定向融资工具（Private Placement Notes，PPN）是指非金融企业在银行间债券市场以非公开定向发行方式发行的债务

---

① 截至 2017 年 12 月 31 日，我国信用债券市场存量约为 31 万亿元，若根据私募债券 30% 的比例来估算，未来可能有 8 万亿元发展空间。

② 这一估算，不仅包含了中小企业私募债这一对应于美国 144A 私募债的品种，还包括其他私募债市场。美国私募债市场是一个完整的分层结构，包括 144A 私募债市场、传统私募债市场（D2 规则下）和其他规则下的私募债市场。

融资工具。其中，非公开主要有三个要素：①不面向社会公众；②向银行间市场特定机构投资人发行债务融资工具；③在特定机构投资人范围内流通转让。非定向融资工具（PPN）的发行主体相对偏重于大型企业。

根据2012年沪深交易所《中小企业私募债券试点业务指南》的说明，我国中小企业私募债券是指中小微型企业在中国境内以非公开方式发行和转让，约定在一定期限还本付息的公司债券。其中，非公开的要素主要包括：①发行仅面向合格投资者；②投资者累计不超过200人；③转让须在合格投资者之间进行。本文的研究以中小企业私募债作为主要研究对象，通过剖析成熟市场私募债券融资发展经验，为我国私募债券融资市场的发展提供借鉴。

## 二、私募债释疑：高收益债和垃圾债

作为一种直接融资方式，私募债券融资国内外"冰火两重天"，其背后不仅缺乏对私募债内涵和本质的深入考察，而且存在诸多观念上的误解，特别是对私募债券融资发展的法律和市场等基础设施建设重视。其中至少有三点值得我们深入思考：

### 1. 私募债券的本质是非标准化不涉及公众的债券

私募债券的本质是非标准化不涉及公众的债券，即不在于发行人信息是否定向非公开披露、信息披露范围和程度是否严格、信息披露是否可以广告、发行地域和范围是否广泛、发行规模大小和投资人数量的多少，而在于最终投资者范围是否涉及公众。例如，美国私募债券融资立法认为，一定范围内机构投资者并不需要保护，所以面向这些机构的债券发行和交易无须注册和监管。但在我国私募债业务实践中，将其标准化或将其视为标准化证券产品的思路和看法比比皆是，这就忽视了私募债的私募属性及其背后的高度复杂性、不透明性和巨大风险。

**2. 私募债券并非"垃圾债"**

过去 15 年，以美国 144A 私募债为代表的私募债券发行占高收益债券发行的 70%，因此不少国内研究者一般将私募债等同于"高收益债"和"垃圾债"。这其中包含了两个方面的误解：第一，144A 私募债市场仅是美国私募债市场的一部分，并非私募债市场的全部，美国私募债市场还包括在 D 规则下发行的传统私募债市场，且在传统私募债市场，大多数私募债是没有债券评级的；第二，与相同信用等级的公募债券相比[①]，美国私募债券有更低的信用风险损失，这是由于私募债有更高比例的债务重组（在平均意义上来说，债务重组的损失程度要低于债券违约）；因而私募债并非"高收益债"和"垃圾债"的代名词，当然私募债的低违约损失率要求以完善的法律和市场等基础设施为支撑和前提。

**3. 私募债券融资的发展需要法律和市场等基础设施的完善等**

私募债券融资更需要法律和市场等基础设施的完善和支持，但我国目前关于私募债券融资仅有 200 个投资者这一人数限制，缺乏对私募债券优先级、债券违约追偿等相关基础设施的制度安排。与此同时，金融市场能够正确地反映和评估信用风险，也是私募债券融资发展过程中重要的市场环节，而我国目前债券市场违约才刚刚开始，债券投资者仍然偏好政府信用和依赖刚性兑付等慢性思维进行信用风险衡量和债券投资。债券市场最为重要的是信用风险揭示，在公募债券市场一般由官方信用评级机构通过信用评级来实现信用风险提示，如穆迪、标普等；但在私募债市场，信用风险揭示的基础设施更是不可或缺。例如，美国保险协会下设信用评估办公室（NAIC），它能够为保险机构所投资的私募债券进行信用评级，是美国私募债券市场重要的基础设施。

① Private Placement Committe. 1986–2002 Credit Risk Loss Experience Study: Private Placement Bonds [R/OL]. https：//www.soa.org，2006，April.

### 三、私募结构化债券：私募债券的重要组成部分

本书将以担保债务凭证（CDOs）为代表的结构化债券产品作为研究一部分，因为从本质上来讲，结构化债券产品也是私募债券一种。

资产证券化在我国处于起步探索阶段，但发展比较迅速。国内外实践中，担保债务凭证（CDOs）都是最为复杂、最具代表性的资产证券化产品。以我国资产证券化市场为例，截至 2017 年 12 月 31 日，我国共发行资产证券化项目 6806 个，累计发行金额 34128.13 亿元，其中 CDOs 项目 139 个（占比 51.8%），发行金额 1742.59 亿元（占比 78.79%）①。资产证券化业务在我国被赋予了盘活资本存量、优化资本结构、提高资产流动性的重要功能，受到了各方的重视和关注。但目前市场上存在将其标准化的倾向，从而忽视了资产证券化产品私募属性所隐含的风险。

资产证券化产品本质为私募债，与标准化的公募债券有不同的内涵。首先从产品设计来看，资产证券化在产品设计上一般分为数层，其中优先层具有高信用等级，能够在公开市场交易的证券化产品虽然具有较强公募债券特征，但其复杂度和不透明性要远高于公募债券产品；而劣后层级、一般通过私募方式发行、具有较低信用等级甚至无信用评级的证券化产品往往极不透明，是典型意义上的私募债券产品。由于产品设计高度复杂且具有较高的不透明性，资产证券化产品往往被视作私募债券产品，不能用标准化的思路来视之。

其次从资产分类来看，资产证券化产品是"非标准化债权"类产品，虽然其透明度、规范性方面有所改善。2014 年 3 月银监会发布的《关于规范商业银行理财业务投资运作有关问题的通知》对商业银行理财业务尤其是"非标准化债权资产"的理财业务提出全面的监管要求；与此同时，上交所 3 月提出要为资产支持证券提供转让服务。市场认为资产证券化是将传统"非标

---

① 数据来源：Wind。

准化债权"进行"标准化"的有效途径。尽管资产证券化产品较传统理财业务特别是"非标准化债权产品"在设计和交易上有更多的监管，业务更加透明和规范，但必须认识到资产证券化产品仍然是非标准化的私募债权产品。

最后从发行方式来看，限定投资者范围为机构投资者且数量不超过200人，不面向个人投资者和不特定对象等发行的实践，也表明了资产证券化产品的私募属性。虽然资产证券化产品能够在银行间、交易所市场交易，但这也未能改变其私募产品属性。目前我国资产证券化产品在银行间市场交易的，仅限于机构投资者之间；在交易所市场，则要求投资者人数不能超过200人，这些规定也显示了监管层对其私募属性的认定。当然，公开市场挂牌交易有助于增加资产证券化产品的透明度和流动性。

## 四、私募债分类：我国市场上的私募债

私募债券在我国主要分为以下几类：银行间市场的非公开定向融资工具、沪深交易所的中小企业私募债、创业板市场私募债、场外市场私募债等（见表1-1）。

表1-1　我国证券市场上的私募债

| 名称 | 推出时间 | 发行场所 | 当前存量① | 监管机构 |
|---|---|---|---|---|
| 非公开定向融资工具（PPN） | 2011年 | 银行间市场 | 20273.11亿元 | 交易商协会 |
| 中小企业私募债 | 2012年 | 沪深交易所 | 24014.85亿元 | 证监会 |
| 创业板私募债 | 2011年 | 交易所 | — | 证监会 |
| 场外市场私募债② | 2012年 | 区域股权交易中心 | — | 金融办 |
| 私募结构化债券（CDOs、ABS、ABN、MBS） | 2004年 | 银行间市场和交易所市场 | 34218.13亿元 | 银监会、证监会、交易商协会 |

资料来源：数据来源于Wind，笔者整理。

① 统计截止时间为2014年7月31日。

② 本书主要以天津股权交易所、前海股权交易中心为例。

# 第三节 国内外研究综述

## 一、国外相关研究综述

学术界关于私募债的研究文献还相对较少，目前对私募债研究的文献主要集中在以下几个方面。

### 1. 私募债券市场边界的研究

私募债券融资是美国公司长期融资的重要来源，在 20 世纪 90 年代以前，非金融公司私募债券融资额约占公募债券融资额的 60% 左右。但私募债券很少受到学术界的关注，这固然有其独特发行方式的因素。根据美国证交会（SEC）的定义，私募发债（Private Placement Bond）是指那些由于不涉及任何公开发行而获得证监会注册豁免的债券发行；因此私募债券的相关信息就十分缺乏，对私募债券市场的研究就比较困难。因而自 1933 年《证券法案》为世界上最大的私募证券市场发展开启了重大的法律依据之后，美国学术界在长达 40 年的时间里，并没有专门的文献来研究私募债券融资及私募债市场，直到 1972 年 Shapiro 和 Wolf 才发表了关于私募债券融资的首篇学术论文。美联储的经济学家 Carey、Prowse、Rea 和 Udell（1993）系统性地总结了私募债市场得以出现的经济学基础，并对其在金融市场中的融资功能给予分析，构建了一个信息密集型借贷市场模型来解释私募债券融资市场为何会出现以及如何运作。

在传统的观念中，对私募债券市场主要存在两个误解：第一个误解是私募债券是对公募债券市场的一个替代选择。在这一观念下，人们就自然而然地会认为发行人选择私募债主要是为了规避由证券监管机构注册要求带来的注册成本，而私募债券市场的投资者与公募市场投资者是一样的。但

Carey、Prowse、Rea 和 Udell（1993）研究认为，监管考虑和降低发行费用并不是发行人选择私募债券市场的主要原因。私募债券融资市场是一个高度信息密集型市场（Informatin-intensive Market），这也就是说投资者必须自己通过尽职调查和持续监督来收集信息；而私募债券发行人大多数属于中小规模、非公众公司，或者其融资结构较为复杂，因而其融资只能由那些具有广泛信用分析能力的投资者来满足。同时私募债券发行人一般缺乏公开的融资渠道，公募市场主要是为那些可以通过公开信息进行信用风险评估和跟踪的大型公司提供融资。这也就导致了在美国私募债融资市场上投资者主要是人寿保险公司，与银行和公募市场投资者相比，私募市场主要投资者——保险公司的行为更加类似于银行。也就是说，即使没有注册豁免这一法律规定，私募债券融资市场依然会存在。

第二个误解是私募债券融资市场在经济学意义上类似于银行信贷。在债券融资市场上，与公募融资相对应，存在私下债务（Private Debt）这一概念，其主要包括银行信贷、私募债券融资、风险投资、夹层融资以及其他类型的非公开债务融资；这些私下债务都有一个共同的特点，即均为信息密集型借贷行为，但并非所有信息密集型借贷行为都是相同的，投资者在对发行人投资时的信息密集程度决定了哪一种方式在实际中会被使用。Carey、Prowse、Rea 和 Udell（1993）研究认为，尽职调查和信用监督能力是私募债券融资市场投资人的重要门槛，而人寿保险公司则天然具有这样的意愿和能力。从意愿上来讲，保险公司具有与私募债券较长期限相匹配的负债久期结构，同时保险公司也寻求稳健且相对较高的投资回报率。从能力上讲，保险行业的行业集中度较高，使保险公司一般具有较大的规模，能够负担得起对众多中小借贷人进行尽职调查和信用监督的成本，对保险公司而言，投资对象越多，就越有可能分摊其进行尽职调查和信用监督的固定成本；同时保险公司还是一个风险管理技术密集型行业，大多数保险公司都拥有大量的信用分析人力资源储备，可以比较方便地移植到对私募债券发行人的信用调查上来。一般而言，私募债券经过风险调整后的收益是高于公募债券的，但要获得较高的风险调整后收益，需要投资人具有与之相匹配的负债久期、尽职调查和信用监督能力，因而保险公司一般偏好对难以获得投资级评级的发行人进行私募债投资，以最大化其在尽职调查和信用监督能力上的潜在收益。与之相对应，由于风险控制技术相对较弱，小型保险公司和投资机构，往往会投资有较高信用评级或者公募债券市场的证券产品。

为什么银行很少成为私募债券融资市场上的投资人？银行信贷也是高信息密集型的，但银行为何不直接对私募债券发行人进行投资？Carey、Prowse、Rea 和 Udell（1993）认为，理由可能有以下几个方面：第一，银行的负债结构难以匹配私募债发行人较长期限的融资需求；第二，银行的信贷合约更为严苛，而私募债券市场上融资合约一般相对较为宽松；第三，银行购买私募债券一般要受到监管或对风险资本造成较高比例的占用。

**2. 私募债券融资：合约—监督—再谈判模式**

私募债券合约有其自身的特点，作为一种信息密集型产品，其往往包含在投资初期的尽职调查和投资后的信用监督两个环节。与公募债券合约不同，私募债券合约应当被看作金融中介关于发行人风险重估触发机制的集合，债券融资合约被违反并不一定意味着投资者风险的增加，例如，发行人在被限制投资的环境下，存在进行新的增加发行人价值的投资活动，融资者只能根据具体的情况对发行人违反债券合约行为进行具体分析并作出合适的反应。

投资者对合约执行的监督主要分为两个方面：一是决定融资者的行为是否符合合约的要求；二是决定一旦违反合约约定应当如何处置。一项合约被违反是发行人没有按照投资者约定利益行事的一个信号，此时投资者要确定这种信号是一种技术性违约还是需要进行重新谈判，因而投资者就需要生产新的信息。

包含重新谈判条款的私募债券合约是一种帕累托改进，因为它引进了投资者的行为。一份可以重新谈判的私募债券合约对于较低资质的发行人而言，具有更高的附加价值；因为低资质发行人面临更多的信息问题，相对比较严格的私募债券融资合约条款对投资人也施加了可信的约束，而且严格合约条款在未来被违反的概率也更高，这样重新谈判的选择权价值就凸显出来。因而在私募债券融资市场，投资人声誉就显得弥足珍贵。

在 Berlin 和 Mester（1992）的基础上，Carey、Prowse、Rea 和 Udell（1993）提出了 CMR 模型（Covenant-Monitoring-Renegotiation，CMR），在该模型下，信息密集型金融中介为具有信息问题的融资者提供融资，主要是由于信息密集型中介机构能够有效地制定合约以解决股东和债权人之间的冲突。在均衡状态下，投资人制定合约，并能够有效地监督合约的执行，也就是说在合约执行过程中能够及时有效地进行新的信息生产。

在信息密集型投资中，各个投资者的禀赋和约束条件不同，使投资者专业化分层，不同的投资者根据自己的投资能力对不同的产品进行投资。

Carey、Prowse、Rea 和 Udell（1993）通过对美国信贷市场的研究发现，银行信贷虽然也是信息密集型投资，但有其自己的特点。由于其负债久期较短，银行一般倾向于拥有短久期资产。银行逐渐形成对信息问题相当严重（Quite Information-Problematic）、一般规模较小的企业进行投资的专业能力，最优合约往往是短久期的，这使银行可以在非可验证信息的基础上进行合约更新。在银行信贷合同中，也包含着严格的约束性条款；银行更加倾向于对条款的违约进行重新谈判。在银行借贷合约中，融资者接受严格的合约条款，主要是由于银行在重新谈判中公平交易的市场声誉、合约期限较短且一般不存在对提前还款的惩罚性措施。

人寿保险公司由于负债久期较长，更加倾向于拥有诸如私募债这样的长久期资产。由于没有像银行信贷那样的续约——拒绝机制（Renewal-Refusal Mechanism）来进行风险控制，保险公司更加注重当合约被违反时要求获得赔付的能力。在市场均衡条件下，私募债发行人信息问题的严重程度往往要相对轻一些，私募债券融资合约条款往往较银行信贷要宽松一些，其合约条款被违反并进行重新谈判的概率也大大小于银行信贷。正是由于合约被违反且重新谈判的概率相对较低，私募债券融资人对投资人在重新谈判过程中的公平交易声誉更加依赖，而不是像银行信贷合约中对提前还款的非惩罚性那样依赖（在银行信贷中，一旦重新谈判破裂，借款人可以选择提前还款且不会遭受惩罚）。

投资人声誉对私募债券市场具有非常重要的影响。首先，对私募债流动性的影响。对投资人声誉的依赖也是私募债市场流动性较差的重要原因，只有当私募债流动性较差时，融资者才能确保与声誉较好的投资人进行持续谈判（一般私募债的投资期限都较长）。其次，对私募债市场投资人数量的影响。私募债市场对投资人有较高的进入门槛（要求投资者有较大的投资规模，以分担对尽职调查和信用监督的成本投入，同时监管机构也设定了投资门槛），对投资人声誉的较高要求，也使私募市场的投资人数量相对较少。在美国私募债市场上，主要活跃着50名左右的机构投资者[1]，其中主要是养老基金和寿险基金等长期资金的持有者。在美国私募市场上的投资有80%～90%来自保险类公司（例如AIG）和寿险类公司（如Metlif和North Western Mutual）。在美国证券监管中，对保险业在私募债券的投资并没有施加任何相关的限制，尽管纽约州对保险机构采取了一些特别的条款（National Association of Insurance Commissioners，1999，2004）[2]。最后，对私募债收益率溢价的影响。McCahery和Schwienbacher（2010）[3]研究发现，市场声誉最好的投资人可以获得最好的交易并且能以较高的溢价来达成交易。

在私募债市场中，一般由投资人来提供私募债券融资合约，理由有三：

① Tim Hayter. Assessing the US Private Placement Market from a Corporate Perspective [EB/OL]. http://www.treasurers.org/node 15973，2010.

② National Association of Insurance Commissioners（NAIC）. Compendium of State Laws on Insurance Topics [EB/OL]. http://www.nail.org/documents/Legal-compendium-toc.pdf，1999 and 2004.

③ McCahery J.，Schwienbacher A. Bank Reputation in the Private Debet Market [J]. SSRN Electronic Journal，2010，16（4）：498-515.

①降低信息生产的固定成本；②当投资人人数较少时，对合约条款进行重新谈判变得更加容易，成本也更低；③当合约条款被违反时，投资人往往在谈判中具有优势地位，此时对投资人的约束往往是其对公平交易声誉的重视。

公募债券市场融资者的信息问题一般较少，因而公募债券合约往往可以存在较长期限，并且一般较为宽松、包含较少的限制性条款。投资者很少需要持续的信用监督和频繁的重新谈判，因为公募债券发行人的信息披露往往比较充分、第三方信用评级机构等信息揭示渠道较多。这些特点也保证了公募债券可以保持高度的流动性并且投资者可以更加分散。

**3. 金融危机带给我们的关于结构化私募证券的经验和教训**

结构化债券产品在美国都是通过私募方式发行的，而私募结构化债券产品是引起2009年全球金融危机的重要产品载体和风险传递载体，因而受到了学术界的广泛关注。

Carol Park、Lemarle 和 Xie（2016）[1] 在美国保险业资产数据的基础上，分析了结构化私募债券中蕴含的巨大不透明性，而正是私募债券的不透明性，导致了金融危机中次级抵押支持债券市场大约损失5000亿美元。美国保险业所持有的私募结构化债券大约占其总资产的19.3%（Manconi，Massa 和 Yasuda，2012）[2]，以 CDOs 为代表的结构化证券，都只能通过私募的方式来发行，其不透明性主要体现在较为庞杂的基础资产池、风险违约链条的复杂性、信用评级的不透明性、发行方式的透明性等方面。

私募结构化债券不仅给保险机构带来了巨大的损失，根据国际衍生品协会（ISDA）2011年的估算，以 CDOs 为代表的私募结构化债券在金融危机之后，给全球12大投资银行造成的直接资本金损失超过2000亿美元。

---

① Carol Park S., Lemarie J., Xiaoying Xie. The Opaqueness of Strctured Bonds:Evidence from the U.S. Insurance Industry [D]. University of Pennsylvania, 2016.

② Manconi A., Massa M. and Yasuda A. The Role of Institution Investors in Propagating the Crisis of 2007-2008 [J]. Journal of Financial Economics，2012（104）：491-518.

私募结构化债券市场为何能够迅速崩溃？ Barnett-Hart（2009）[①] 从私募结构化债券市场参与者的角度入手，认为 CDOs 产品的设计者和资产管理人并没有严格对 CDOs 产品的基础资产质量进行把关，而且将从 2003 年起，抵押资产管理机构为了寻求高收益开始逐步改变 CDOs 基础资产的构成，更多的基础资产是来自结构化融资证券而非传统的公司债券，例如次级RMBS，与此同时也开始将其他 CDOs 的夹心层级作为基础资产来打包，这种结构的转变也埋下了 2007 年次贷危机的隐患。

Yaw（2012）[②] 从信用评级的角度出发，研究了穆迪公司对私募结构化债券的信用评级情况。研究发现，伴随着 CDOs 市场的快速发展，一方面，关于结构化产品信用评级技术、数据和模型的构建并不成熟和完善，特别是缺乏 CDOs 产品的历史违约数据，更多的时候评级机构使用一般公司债券违约概率模型来估计结构化债券产品；另一方面，旺盛的市场需求使评级机构放松了评级过程的监督和审查。

## 二、国内研究综述

当前国内关于私募债券的研究还相对较少，范围还较为局限。从研究内容来看，主要集中在以下四个方面。

**1. 对美国 144A 债券市场的某些特点进行总结，进而提供相应的借鉴和启示**

例如，李湛[③]（2012）对美国 144A 规则的演化和创新进行了深入的分析，对 144A 规则下私募债券的发行和转售以及信息披露制度进行了解读，并就我国中小企业私募债如何发展提出了相应建议。

---

① Barnett-Hart A. K. The Story of the CDO Market Meltdown: An Empirical Analysis [D]. Harvard University, 2009.

② Yaw Owusu-Ansah. What Went Wrong? Examining Moody's Rated CDO Data [J]. SSRN Electronic Journal, 2012, November.

③ 李湛. 借鉴美国 144A 规则，推动中小企私募债发展 [N]. 中国证券报，2012-07-30.

安国俊（2012）<sup>①</sup>总结了私募债市场发展的国际经验，研究认为，经过一系列制度安排之后，中小企业完全可以通过私募债券市场融资，进而推动多层次资本市场的建立。安国俊也发现，美国私募债券市场的平均赔付率、使用信用增级的比例、平均收益率均要高于公募债券，当出现违约的可能之后，抵押和保护条款可以为投资者提供较好的下行风险保障，进而降低可能的投资损失，提高投资组合收益率。但其研究并没有对美国私募债市场评级赔付率较低等现象作出有力的解释，仅用公募债券市场的一般惯例来分析，因而提出了提高二级市场流动性和透明度、完善投资者保护条款、建立偿债风险的补偿机制和信息披露等措施，缺乏对私募债本质属性的剖析。

然而，作为私募方式发行的债券，其信息具有较高的不透明性，这使对私募债市场的分析主要局限于144A市场。以美国私募债市场为例，其主要分为三个层次，包括广为熟知的144A私募债市场、较少被了解的D规则市场和少有人知的SEC4（a）（2）市场。以2012年为例<sup>②</sup>，144A私募债市场融资额度为7000多亿美元，而D规则下私募债融资额接近9000亿美元，接近公募债券市场1万亿美元的发行规模。但由于D规则下私募债具有更强的不透明性，更加难为市场所了解和研究。

**2. 分析中小企业私募债发展现状及对策**

例如，赵婧（2014）<sup>③</sup>对我国中小企业私募债发展过程中的信用风险和投资者范围局限性进行了分析，并提出通过拓展投资者范围、创新增信方式（如信用违约互换）等手段来解决信用风险问题。李经纬和张协（2014）分析了中小企业私募债当下的困境，投资者因其高风险而热情不在，券商作为

———————
① 安国俊. 私募债市场发展的国际经验 [J]. 中国金融，2012（18）：51–52.

② Securities and Exchange Commission. Eliminating the Prohibition Against General Solicitation and General Advertising in Rule 506 and Rule 144A Offerings[EB/OL]. http://www. sec. gov/info/smallbus/secg/general–solicitation–small–entity–compliance–guide.htm，2013.

③ 赵婧. 中小企业私募债发展现状、存在问题及对策探讨 [J]. 吉林金融研究，2014（4）：22–26.

承销商，由于其风险较高、销售困难且收益有限敬而远之，与此同时，中小企业私募债发行主体也出现了异化，现实中大量的中小微民营企业被拒之门外，政府国有和城投背景的企业不断涌入中小企业私募债市场，使中小企业私募债出现了逆向选择，民营中小型企业备案发行数量越来越少。就如何解决这一问题，李经纬和张协（2014）认为，应当建立私募发行企业的遴选标准以甄选优质企业、重视增信安排以提高对投资者的吸引力、强化信息披露以促进私募债的流通转让、增强承销商自主决策权以提升违约容忍度、创新金融服务和产品以促进私募债的销售和流动等。

**3. 对中小企业私募债信用风险评估和解决方案进行探讨**

俞子耀和王俊如（2013）[1]对中小企业私募债增信面临的困境进行了总结，并提出了相关的政策建议。研究认为，截至2013年2月，我国中小企业私募债增信的主要措施包括抵押、质押和第三方担保、保证，但这也带来了很多问题，例如，众多中小企业发债意愿较为强烈且企业自身资质也较好，但因缺乏增信措施而被排除在私募债的大门之外，其原因包括专业担保机构的因素（反担保、收费较高、规模较小）、抵押物评估和监督能力有限、市场缺乏风险释缓工具。在政策建议方面，俞子耀和王俊如（2013）提出以下几点：①尝试探索增信方式多样化，如债券保险、债券信托、信用准备金等其他方式；②建立担保的优先劣后；③运用风险释缓工具和债券产品的分级设计；④建立中小企业私募债征信系统。

赵丹宁（2013）[2]从价差的角度对中小企业私募债的信用风险进行了实证研究，研究发现，中小企业私募债信用价差呈现下坡型，这与预期情况相左，原因可能在于评级机构的信用评级虚高。同时其还运用完全偿还率曲线

① 俞子耀，王俊如. 中小企业私募债券增信面临的困惑及相关建议 [J]. 中国债券，2013（3）：56-59.

② 赵丹宁. 中小企业私募债信用风险研究 [D]. 吉林大学硕士学位论文，2013.

和 EBITDA/ 负债概率分布曲线，发现当发行利率超过 13.5% 时，私募债蕴含的违约风险将大幅增加。赵丹宁的研究主要是基于有限样本进行分析，通过完全偿还率曲线和 EBITDA/ 负债概率分布曲线来求得私募债券信用违约均衡利率水平，虽然存在诸多假设，但仍然是一个创新。

钟姝（2013）从量化的角度，运用 KMV 模型来尝试对中小企业私募债的信用违约概率进行估算。在估算过程中，由于发行私募债的中小企业一般均为未上市公司，故而用同类型的上市公司股票价格波动率来估测发债企业资产波动率，并对 KMV 模型进行了适度的修正。由于非上市公司数据可获得性较差，同时样本相对较少，钟姝（2013）仅对温州私募债发债企业的违约概率进行了分析，研究具有一定的局限性。

赵明恒（2014）[①] 在借鉴美国私募债发展过程中风险防范机制的基础上，对我国中小企业私募债发行过程中的系统性和非系统性风险进行分析，并运用久期定理和 Z 评分模型对其风险进行实证研究，提出应当加强发债企业的自我约束机制，加大风险管理力度和审核标准，进而降低风险，但 Z 评分系统具有相当的主观性，且提高审核标准就可能使大量中小企业失去融资通道和机会，同时提高融资成本，与我国发展中小企业私募债的初衷并不吻合。

**4. 研究私募债对证券行业的影响**

梁静和崔晓雁（2012）通过分析欧美高收益债券市场的规模及其对银行业的影响，预测和展望我国中小企业私募债的潜在规模，以及其对我国证券行业发展的推动作用。根据美国市场高收益债券发行额约占投资等级债券平均 28% 的比例，梁静和崔晓雁认为，中国高收益债券的发行规模约在 1400 亿元；若按照高收益债券发行额达到股票市场融资额度的 100% 来测算，我国高收益债券潜在规模约在 5000 亿元；若按照美国企业债发行规模与 GDP

---

① 赵明恒. 我国中小企业私募债券风险研究 [D]. 山东大学硕士学位论文，2014.

之比的水平来测算，我国企业债券潜在发行规模约在每年 3 万亿元，按照高收益债券占比 22% 来测算，中国高收益债券潜在规模可能达到 6600 亿元。总而言之，认为中国私募债在 3 ~ 5 年将达到 1500 亿 ~ 3000 亿元。根据美国高收益债 1.5% ~ 2% 佣金率，且为投资级债券承销收入的 3 ~ 4 倍测算，我国中小企业私募债将为我国券商带来 73 亿 ~ 143 亿元的承销收入。但实际情况的发展差强人意，截至 2014 年 7 月 31 日，私募债只累计发行 671 亿元，而且在市场上遭遇困境。出现这样的估算误差，主要是由于梁静和崔晓雁（2012）误解了高收益债和私募债之间的区别，将私募债等同于高收益债。

何诚颖（2012）[1] 在欧美私募债发行实践基础上，对国际私募债发展的经验进行了总结，认为健全的市场体系、市场化的基础利率、完善的风险控制和市场监管基础设施是私募债获得发展的重要经验；在对证券行业的影响上，何诚颖（2012）认为，私募债市场的发展，将促进券商投行业务链条进一步拓展，带动券商产品创新和研究转型，强化券商投资者适当性管理，全面提升风险控制水平；而私募债券市场也会增强本土资本市场的国际吸引力，从而促进我国多层次资本市场的发展。

总而言之，与美欧私募债券 80 多年的发展历程相比，我国私募债券的发展才刚刚起步，不仅在私募债券的内涵和本质上存在诸多误解，而且对私募债券市场发展所需的法律环境、市场要素、发行方式、风险管理等认知还存在诸多偏颇之处，特别是在信用风险反映和评估体系尚不完善的市场环境下，如何发展私募债券市场，还有待于在理论和实践中进一步的探索和完善。

---

① 何诚颖. 私募债券发行：国际经验、国内现状及对市场影响 [EB/OL]. [2012-03-27]. http://hechengying.blog.caixin.com/archives/38916.

# 第四节 研究思路和研究方法

## 一、研究思路

2011 年和 2012 年我国陆续推出的非定向债务融资工具（PPN）和中小企业私募债，拉开了我国私募债券融资市场发展的序幕。但私募债券融资在我国发展并非一帆风顺，以沪深交易所中小企业私募债为例，经历了2012 ~ 2013 年的快速发展之后，其迅速遭遇了"叫好不叫座"的市场困境，2014 年中小企业私募债违约事件频发，使这一困境有所加剧；2015 年第三季度以来，私募债发行进入高速增长期。在这样的背景下，本书将对私募债券融资市场的国际经验进行深入的梳理，对国际私募债券融资市场的发展规律进行探究和分析，并结合我国资本市场的特点，对未来如何发展私募债券市场、如何拓展私募债券市场的业务空间进行探讨。

国外成熟的私募债券融资市场，不仅为我国私募债券市场的发展提供了经验上的借鉴，而且也为国内不少企业提供了长久期、低成本的融资渠道。2012 年以来房地产行业调控深化，国内越来越多的房地产企业通过国际私募债券市场融资；随着证券公司在海外发行私募债券融资成功，国内证券行业通过这一渠道获得低成本发展资金的通道也已打开，这不仅有助于国内投行借鉴国际私募债券融资市场的经验，也使国内相关机构有可能打破长期资本"瓶颈"。本书将对国内企业海外私募融资的路径选择、成本节约、融资模式和风险控制进行探讨，进而为相关机构国际私募债券融资业务提供策略支持。

作为私募债券的一种，私募结构化债券在我国的发展方兴未艾。以担保债务凭证（CDOs）为代表的结构化证券，被赋予盘活资本存量、优化资本结构、提高资产流动性的重要功能。但私募结构化证券作为最复杂的结构化债券产品，是 2008 年全球金融危机爆发和蔓延的重要载体，随着产品风险迅速通过投资银行和保险机构向整个金融体系溢出，不仅给资产证券化参与各方造成了巨额资本金损失，也将全世界拖入了金融危机和经济萧条之中，而作为金融危机主要渠道和载体的 CDOs 产品至今也未恢复到危机前的规模和水平。本书将对美国 CDOs 产品在金融危机前后的演化历程进行深入梳理，并对投行、中介机构在资产证券化和结构化过程中的角色进行勾勒，特别对相关机构在金融危机中承担的巨额损失进行了统计，以期为我国资产证券化业务发展和监管提供经验借鉴和启示。

本书尝试回答以下问题：

第一，私募债券发行方式有哪些特点及要素？如何建立有效的私募债券发行机制，以解决私募债融资的发行难问题？

第二，私募债市场信用违约和风险处理存在哪些问题？成熟私募债市场在信用违约和风险处置过程中有怎样的特点可供我国借鉴？

第三，成熟私募债券市场的法律环境如何演变？我国私募债券融资发展的法律环境现状如何？

第四，国内企业海外私募债融资的发展模式、路径如何？相关机构应当如何利用国际私募债市场获得低成本发展资金，并规避其中的融资风险？

第五，以 CDOs 为代表的私募结构化债务凭证如何成为引发全球金融危机的重要产品载体？相关机构应当如何抓住资产证券化业务发展中的机遇？

## 二、总体研究步骤

本书的研究步骤如下：

第一，提出问题。对我国私募债的发展历程进行梳理，分析私募债融资的市场发展现状及困境，通过与成熟私募债市场的发展相比，逐步找出私募债市场发展的症结之所在。

第二，比较分析问题。通过对成熟私募债券融资市场在发行方式、信用违约和风险处置、法律环境和市场要素等维度进行深入剖析，总结其先进经验；同时也对私募结构化债务凭证引发国际金融危机的教训进行探究，提炼成熟市场在私募债券融资发展过程中的经验教训。

第三，提出解决思路和措施。通过对比国内外私募债市场在发行方式、法律环境、风险处置、市场要素以及结构化债券发展等方面的差异，以如何发展私募债融资市场为出发点，在私募债发展过程中的法律环境、市场要素、风险管控等方面提出解决思路和应对措施。

第四，实现研究目标。立足于金融中介机构如何把握私募债券的发展机遇，就金融中介机构如何利用国际私募债券融资渠道、转变私募债券业务发展思路、构建面向私募市场的业务架构和风险体系提出政策建议。

## 三、研究方法

为了深入剖析私募债券融资的国际经验，在研究方法上，本书注重研究的科学性和逻辑的完整性，坚持定性研究和定量研究相结合、静态分析和动态分析相结合。

第一，定性研究和定量研究相结合。在对国内外私募债市场发展现状的研究中，着力分析我国私募债市场的发展历程，以及当前发展过程中存在的特点及不足，同时结合国内外私募债市场统计数据加以佐证，使分析更加具有说服力。

第二，静态分析和动态分析相结合。在分析成熟市场私募债发展经验时，不仅横向比较欧美和发展中国家私募债市场的发展状况，还注重进行时间序列上的比较分析，从而使对成熟市场私募债的发展历程、历史违约情况、法律环境演化的认识更加清晰。

# 第二章 美国私募债券融资市场：分层和比较

## 第一节 美国多层次债券市场及私募债分层

根据美国私募债券融资立法和监管的实践，美国债券融资市场具有以下几个层次（见图 2-1）。

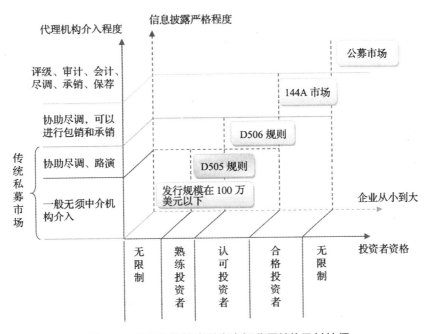

图 2-1 美国私募债券融资市场分层结构及其特征

资料来源：笔者根据相关资料整理。

## 一、公募债券融资市场

在企业规模方面，发行人一般均为规模较大的企业；在信息披露方面，要求严格的信息披露，遵循一般公认会计原则（GAAP）；在投资者资格方面并无严格要求；在中介机构介入程度方面，中介机构一般介入程度较深（如要求评级机构给予信用评级，参与制造募集说明书、路演、承销和包销等过程），信息不对称问题较弱。

## 二、144A 私募债券融资市场

1990 年 4 月通过的 144A 规则主要是关于私募债券转售的修正，根据这一规则，投资银行作为合格投资者（QIBs）时可以包销私募债而后转售给其他 QIBs，因而逐渐形成了 144A 私募债融资市场。其产品更加接近公募市场：①有公募市场上承销商承销和包销等非信息密集型融资特征，产品

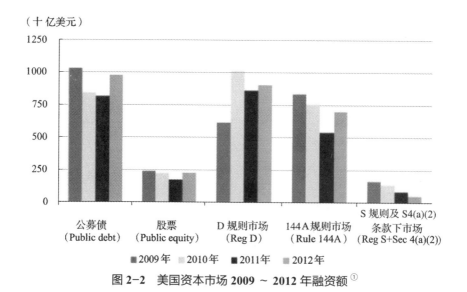

图 2-2　美国资本市场 2009 ～ 2012 年融资额 ①

① SEC. Eliminating the Prohibition Against General Solicitation and General Advertising in Rule 506 and Rule 144A Offerings [EB/OL]. [2013-09-20]. http://www.sec.gov/rules/final/2013/33-9415.pdf.

更加接近标准化产品；②发行人企业规模一般都比较大，一些在公募市场上融资的企业也会选择在 144A 市场上进行融资（如在小规模发行、保护企业信息、发行结构复杂的产品等情况下）。但 144A 市场也与传统私募市场有相同点：第一，在信息披露方面仅需向特定投资者披露；第二，无须在 SEC 注册；第三，投资者范围受到限制；第四，发行周期较短，一般仅为 12 周左右。

在发行企业特征方面，144A 市场上发行企业的规模一般要大于传统私募债市场，并且有更多的国际发行人参与；在信息披露对象和范围方面，144A 市场主要面向合格投资者（QIBs）；在代理人参与程度方面，144A 市场一般由投行作为协助发行人[①]，且可以作为承销商来进行包销。

### 三、传统私募债券融资市场

传统私募债主要是指依据 20 世纪 80 年代美国证券和交易委员会（SEC）D 规则所发行的证券，特别是依据 D506 规则发行的私募证券。其中 D506 规则虽对证券发行数量并无限制，但要求投资者主要是认可投资者；D504 规则和 D505 规则分别对发行规模进行了限制，例如在 1 年内不超过 100 万美元和 500 万美元的证券发行。同时包含依据 1933 年《证券法案》第三章和第四章进行的私募证券发行。传统私募债权市场主要有以下几个方面的特征：①企业规模一般较小，存在较为严重的信息不对称问题，发行者主要是无法在银行和公开市场获得融资的中小企业；②投资银行和中介机构参与程度较浅，特别是依据 D504 规则、D505 规则发行的私募债，一般都没有中介机构的参与；③对于投资者资质进行区别对待，对发行规模在 100 万美元以下的证券投资者并无资质要求，对 100 万美元以上规模发行债券一般要求其投资者为认可投资者（关于合格投资者、认可投资者、熟练投资者的定义

---

① 例如，美银美林连续 12 年均为私募债券融资市场最大的发行顾问和承销商。

和区分，详见本书第八章第三节）。

## 第二节　美国传统私募债市场

2012 年美国传统私募债发行创历史新高。美国私募债市场 2012 年共产生 213 笔 540 亿美元的交易量[①]，成为自 2000 年以来私募债发行量的最高点。传统私募债每年有 300 亿～400 亿美元的发行量，自 2008 年全球金融危机之后，私募债券发行规模有所下降；2010 年发行规模又反弹至危机前的水平。这主要是由于在美联储量化宽松货币政策下，投资者为了寻找

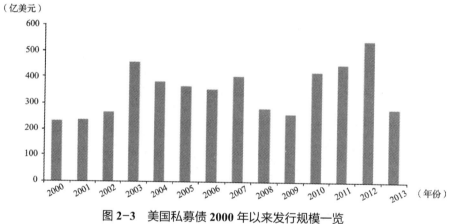

**图 2-3　美国私募债 2000 年以来发行规模一览**

资料来源：美银美林（Bank of American/Merrill Lyncb）。

---

① 本节所说的私募债，主要是指传统私募债，并不包含 144A 债券。在典型传统私募债市场中，银行和中介向机构投资者发行债券，并就定价、期限和其他包括保护性财务条款在内的条款进行协商和谈判，由于投资者多数是长期投资者，其更加强调基础信用状况的研究。144A 债券可以在美国 SCE 注册也可以不注册，如果注册的话就成为公开债券，可以和公募债券一样在特定范围内的机构投资者（一般是 QIB）之间进行交易和转让；如果没有进行公开市场注册，就仍然被看作私募债。一般而言，144A 债券投资者并不能就合同条款进行谈判，这一点又跟公募债券很相似，由中介结构来设计定价和期限，进而售卖给合格机构投资者。

相对较高的收益率而对私募债券投资需求大幅上升。整个私募债券市场的规模大约为 1 万亿美元，每年传统私募债和 144A 规则债券发行量大约为 1500 亿美元[①]。

## 一、平均发行规模不断上升

传统私募债平均发行规模上不断上升并达到 2.56 亿美元。2012 年平均发行规模为 2.56 亿美元，其中最大的发行为 MARS 公司 20 亿美元私募债[②]。在历史上平均发行规模一般在 2 亿美元以下（见图 2-4）。2009 年美国私募债单笔发行规模从 330 万美元到 8.5 亿美元，但是 2/3 的交易规模都在 2 亿美元以下。国外发行人的平均发行规模要大于国内发行人，一般而言，美国国内发行人的平均发行规模为 1.8 亿美元，国外发行人的平均发行规模为 2.7 亿美元[③]。

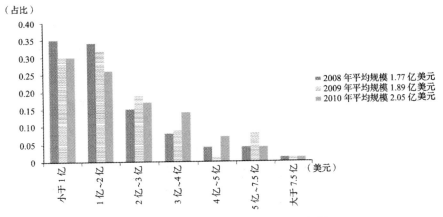

图 2-4　美国私募债券融资平均交易规模

资料来源：美银美林（Bank of American/Merrill Lyncb）。

① 根据 Prowse（1997）的估算，1996 年末非金融公司私募债券存量约为 4500 亿美元，相当于当年公募债券存量 9500 亿美元的一半左右。参见 Prowse S. The Economics of Private Placements:Middle-Markets Corporate Finance，Life Insurance Cornpanies，and a Credit Cranch [J]. Economic Review（Federal Reserve Bank of Dallas），1997，3（QⅢ）：12-24.

② 资料来源：美银美林（Bank of American/Merrill Lyncb）。

③ 资料来源：http://www.euromoney.com/Article/2643609/Private-placement-bond-market-booms. html.

## 二、发行主体多样化

传统私募债的发行主体多样化，但仍然以一般制造业和能源电力行业为主。从小型公司到大型多元集团都在私募市场上进行融资，在行业分布上，从电力公司到移动设备制造商，从食品公司到运动产品提供商，都可以成为发行主体。其中一般制造业和能源电力行业的发债规模都占 2012 年总规模的 32% 左右（见图 2-5）。在私募债发行人特征方面，非公众所有公司占据了较大的比重，约为 37%，且主要是美国私募债发行人；而在所有权结构上国外发行人，主要以公众持有公司为主。

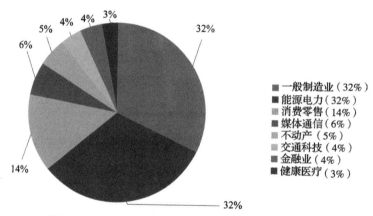

图 2-5　2012 年美国私募债券融资行业和所有权情况

资料来源：美银美林（Bank of American/Merrill Lyncb）和美银美林交易（BAML's Deals）。

美国传统私募债发行区域结构上更加国际化。以 2012 年为例，美国发行人仅占 44%，其次是来自欧洲的发行人，占比为 38%，澳大利亚和加拿大的发行人约占 10%，其他地区的发行人占 8%。

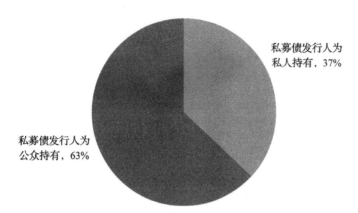

图 2-6　2012 年美国私募债券融资行业和所有权情况

资料来源：美银美林（Bank of American/Merrill Lyncb）和美银美林交易（BAML's Deals）。

## 三、发行期限以 5 ～ 10 年为主

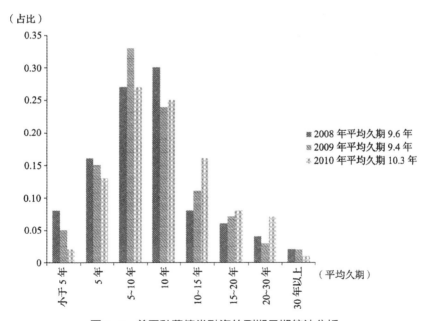

图 2-7　美国私募债券融资的到期日期统计分析

资料来源：美银美林（Bank of American/Merrill Lyncb）。

在发行期限上，传统私募债仍然以 5 ~ 10 年期为主。发行期限为
5 ~ 10 年的私募债占整个市场的 60% ~ 70%，平均期限自 2009 年的 9.4 年
上升到 2010 年的 10.3 年，主要原因在于，在量化宽松货币政策以后，投资
者为了利用成本较为低廉的资金，并获得更高的收益率，愿意进行更加长期
的投资。

## 四、在增信措施上以无抵押为主

传统私募债以无抵押债券为主。在美国传统私募债市场上，绝大多数
的私募债都是高等级无抵押且与银行债券享有同等追索权的债券，主要包
括高等级无抵押债券、抵押债券、第一国民金融管理局债券（ First Nations
Financial Management Board，FMB）和结构性票据，其中无抵押债券和享有
与银行债务同等追索权的债券占整个债券市场的 60% 以上[①]。

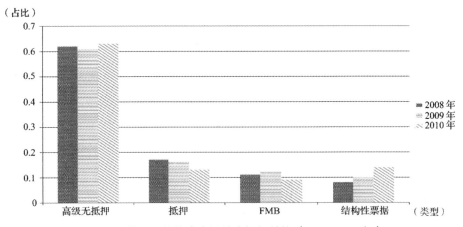

图 2-8 美国私募债券市场债券抵押结构（2008~2010 年）

资料来源：BAML's deals。

---

① 尽管如此，有质押的私募债券也要远远高于公募债券。正是抵押品和保证条款的存在，
才使私募债券的违约回收率高达 65%，而公募债券仅有 40%；抵押品和保证条款也降低了私
募债券预期信用违约损失，获得了更高的回报率，从历史上看一般要有一个 40 个基点的更高
收益。

## 五、在发行承销方面美银美林占主导

在发行承销机构方面，美银美林（Bank of American/Merrill Lyncb）占据主导地位。美银美林、J.P 摩根、瑞银集团（RBS）、花旗和巴克莱排第 1 ~ 5 位，富国银行（Wells Fargo）和摩根士丹利（MORGAN STANLEY）排在第 6 位和第 8 位，富国银行代理了 29 笔交易 31.4 亿美元，从 2010 年的 9 笔交易 8.487 亿美元跃居前列。摩根士丹利 2012 年代理 11 笔交易 21 亿美元，2011 年代理了 2 笔交易 2.357 亿美元，并从 2011 年第三季度开始私募市场业务。

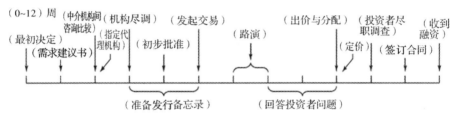

图 2-9　企业视角下的美国私募债发行流程 [1]

在发行程序上，较为简便的私募债发行程序一般仅需 3 个月左右。主要包括三个阶段（见图 2-9）：前期准备阶段（选择中介机构、尽职调查、设计交易结构、准备发行备忘录），交易条款谈判阶段（路演、与潜在投资者谈判、最终定价、签订交易合同），后期阶段（获得融资资金）。

## 六、在二级市场上相对活跃

传统私募债存在一个相对活跃的二级市场。一般认为传统私募债的流动性相对较差，原因在于其主要的投资者（如保险养老基金）都是长期负债方，它们一般都会持有到期。但实际上传统私募债也存在一个相对活跃的二

① 资料来源：Tim Hayter. Assessing the US Private Placement Market from a Corporate Perspective [EB/OL]. http://www.treasurers.org/node/5973，2010.

级市场，每年一级市场发行规模 5% ~ 10% 的私募债会在二级市场上交易，交易的原因主要包括以下几个方面：①在人寿行业的并购活动；②投资组合风险或暴露的组合管理需求；③调整资产久期以满足不断变化负债结构；④收入、资本或税收考虑；⑤对最初投资主题或投资计划的调整。私募债信息披露受到限制，这就需要在建立交易之前，由卖者和买者复制相关非公开信息并达成谅解性协议，而信息的真实性和有效性对于交易成功是十分关键的。公募债券是通过中央交易结算机构（DTC）电子化结算，而私募债券则是通过中介信使传递债券且由中介银行来完成资金支付，这一过程需要法律和后台的协调支持（一般需要与交易对手方和中介银行提前协商一致），因此，私募债券交易清算需要 T+3 到 T+10 才能完成[①]。

## 七、资产形式多样化

在资产形式上，私募债包括债券（Notes Bonds）、资产支持债券（ABS）、住房抵押贷款证券化产品（MBS）、信用租赁信贷产品（Credit Tenant Loan，

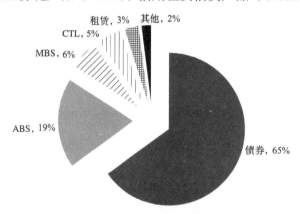

**图 2-10　美国私募债券融资市场的资产类型分布**

资料来源：美国精算师协会（www.sog.srg）。

---

① Ron Mendel. Private Placement Debt: Diversification，Yield Potential in a Complementary IG Asset [EB/OL]. [2013-09]. http://conferences.pionline.com/uploads/conferences-admin/HIMCO_ Private-Placement.pdf.

CTL）、租赁（Leases）等。根据美国精算师协会 2006 年的统计分析，私募债券主要以传统的债券凭证形式存在（约占 65%）；其次为资产支持债券（ABS），约占 19%。其他类型中主要是非资产支持型债券，如类银行机构的长期信贷和额度贷款等 [①]。

# 第三节　144A 私募债市场：演化和发展现状

在 144A 规则发布之前，公司在私募市场发行债券主要是为了逃避美国证券交易委员会（SEC）的监管和信息披露要求，但由于较高的信息不对称性和相对较少的潜在投资者，发行公司面临较高的发行成本；同时投资者在私募债投资方面也面临着严格的限制，如不能立即转售，从而出现了私募债的流动性问题。从 1990 年开始，美国证券交易委员会（SEC）实施 144A 规则，移除了投资者不能立即转售的条款，从而为国内外投资者提供了额外的融资渠道。

## 一、144A 规则对发行人和投资者：风险与成本权衡

144A 规则给予了发行人较多的优势：①更少的信息披露；②信息披露不需要满足严格的标准，例如 GAAP 标准；③更快的发行速度，使企业可以在利率较低的环境下快速举债。

但这些优势的获得并非没有成本，更高的收益率溢价或发行承销成本构成了 144A 市场发债的主要成本。发行人需要为快速发行给出一个更高的溢价，否则 144A 发行规则就会成为债券的主导发行方式。一般而言，在控制其他影响发债收益率因素的情况下，与公募债券相比 144A 私募债会有 20BP ～ 50BP 的风险溢价。

---

① 数据来源来源于美国精算师协会 2006 年的报告，统计截止到 2002 年。

对于投资人而言，144A 市场也具有更高的风险。

（1）144A 市场具有更低的流动性。因其一级市场和二级市场的投资者仅限于 QIBs；即使 144A 私募债进行公开注册之后，其总的交易量也会逐步下降。同时，144A 债券可能是某些机构的限制类债券，如保险公司、对冲基金、养老基金；这些机构或者在投资比例上受到限制，或者需要更高的资本储备，尽管 144A 债券在交易所注册后就可能成为不受限制类投资品种，但在其最初发行时仍然受到影响。因此，投资者范围和受限类投资品种都降低了 144A 私募债的流动性，使其产生了风险溢价。

（2）144A 债券具有较低的信息透明度。与公募债券相比，144A 债券不仅信息披露更少，而且不需要满足一定的标准，特别是对于那些从来没有向 SEC 进行信息披露的非公众公司来讲，信息透明度问题就会更加严重。

（3）144A 债券的投资者受到更少的法律保护。根据《美国 1933 年证券法》，公募债券发行人的招募说明书中如果存在重大信息遗漏或误导，无论其是否存在主观故意，都需要承担严格的责任。而 144A 债券的投资者则没有受到如此严格的法律保护。《美国 1933 年证券法》规定，144A 债券即使在交易所注册之后，私募发行人只有在主观故意地进行信息误导，并使投资者在误导信息的基础上做出投资决策的情况下，才需要承担法律责任。

## 二、发行规模：144A 债券逐渐主导私募市场

144A 法案于 1990 年 4 月生效，不可转换 144A 债券发行量从 1990 年的 33.9 亿美元快速上升到 1998 年的 2351.7 亿美元；与此同时，传统私募债券市场从 1099.4 亿美元萎缩到 510 亿美元。144A 债券大约占高收益债券市场的 80%（Livingston 和 Zhou，2002）[①]。之后 10 多年 144A 债券发行规模迅

---

① Livingston M., Zhou L. The Impact of Rule 144A Debt Offerings upon Bond Yields and Underwriter Fees [J]. Financial Management，2002，31（4）：5-27.

速扩大，2006 年达到顶峰。2006 年，基于 144A 规则发行的债券共有 3321 只，融资金额为 8760 亿美元，当年共发行私募债券 4267 只，发行金额为 9060 亿美元，144A 债券发行数量和金额分别占当年私募债券的 77.83% 和 96.68%[①]。

受次贷危机的影响，2006 年之后私募债券发行规模呈减少趋势。在金融危机最为严重的时候，私募债券的发行规模降至低谷，2008 年发行私募债 1346 只，发行金额为 4810 亿美元，降幅近 44%。随后三年有所回升，2011 年发行额达到 7130 亿美元。144A 债券也有相似的走势，2006 ~ 2011 年 144A 债券发行数量占比达 83.56%，发行金额占比达 96.56%。

表 2-1　美国私募债券融资市场的资产类型分布

| 发行年份 | 发行数量（只） | | | 发行规模（10 亿美元） | | |
|---|---|---|---|---|---|---|
| | 私募债 | 144A | 144A 占比 | 私募债 | 144A | 144A 占比 |
| 2006 | 4267 | 3321 | 77.83 | 906 | 876 | 96.68 |
| 2007 | 3342 | 3010 | 90.07 | 861 | 831 | 96.48 |
| 2008 | 1346 | 1136 | 84.40 | 481 | 467 | 97.02 |
| 2009 | 1266 | 1063 | 83.97 | 617 | 598 | 96.85 |
| 2010 | 1776 | 1468 | 82.66 | 785 | 753[②] | 95.96 |
| 2011 | 1632 | 1391 | 85.23 | 713 | 689 | 96.60 |
| 总计 | 13629 | 11389 | 83.56 | 4336 | 4213 | 96.56 |

资料来源：王一萱等（2012）。

从私募债券市场的存量来看，截至 2011 年底，未到期私募债共有 9827 只，金额达到 30391 万亿美元；其中 144A 债券 7624 只，金额约为 28580

---

[①] 王一萱，李湛，戴溢文. 私募公司债券市场发展特征与制度安排的国际比较 [EB/OL]. [2012-12-30]. 深圳证券交易所综合研究所，http://www.docin.com/p-699571784.html。

[②] 根据 Craig 和 Karen Ann（2012），美国 2010 年注册债券发行规模约为 1 万亿美元，而 144A 债券的规模约为其一半，即 5820 亿美元，与此同时，美国 IPO 市场的融资规模为 2010 亿美元；144A 私募市场的融资规模约为公募债券市场的一半。

亿美元。从数量上看，144A 债券占私募债券存量规模的 77.58%，在金额上占比达 94.04%。

# 第四节　美国 144A 私募债市场的特征分析

## 一、144A 私募债市场特征：多维度透视

与公募债券市场相比，144A 债券发行主要表现出以下几个方面的特征。

（1）在平均发行规模上，144A 私募债券要略低于公募债券。144A 市场发行均值约为 2.2 亿美元，而公募市场约为 2.3 亿美元；两者较小的差别可以归因于发行的规模经济优势，即在发行过程中给予投资银行很大比例的浮选费用（Floatation Costs）且是固定的，并不随发行规模而变化。

（2）在发行人杠杆比例上，144A 市场远高于公募市场。144A 市场发行人的资产规模平均约为公募市场的 33%（分别为 53 亿美元和 160 亿美元）。这也导致 144A 市场发行占总资产的比例要远远高于公募市场，144A 市场约为 89.6%，公募市场仅为 16.3%。这意味着 144A 市场发行人具有更高的债务杠杆比例。

表 2-2　公募发行和 144A 发行及发行人特征分析（1991 ~ 2008 年）

| 特征 | 144A 发行 | | 公募发行 | | 显著性检验 | |
|---|---|---|---|---|---|---|
| | 均值 | 中值 | 均值 | 中值 | T-test | WILcoxon |
| 发行规模（百万美元） | 219.8 | 150 | 232.1 | 149.2 | ** | ** |
| 发行前总资产（百万美元） | 5263.1 | 1533.1 | 15736.9 | 6087.0 | *** | *** |
| 发行占比（%） | 89.6 | 13.1 | 16.3 | 2.5 | *** | *** |
| 承销费用点数（BP） | 172 | 100 | 90 | 65 | *** | *** |

续表

| 特征 | 144A 发行 | | 公募发行 | | 显著性检验 | |
|---|---|---|---|---|---|---|
| | 均值 | 中值 | 均值 | 中值 | T-test | WILcoxon |
| 票面收益率（%） | 9.08 | 9 | 7.10 | 6.88 | *** | *** |
| 信用利差（BP） | 397.3 | 375 | 152.3 | 110 | *** | *** |
| 评级信用等级 | 10.6 | 9 | 15.4 | 16 | *** | *** |
| 发行期限（年） | 10 | 10.1 | 12.4 | 10.1 | *** | *** |
| 比例关系（%） | | | | | 比例显著性检验 | |
| 有评级占比（%） | 77.8 | | 99.3 | | *** | |
| 垃圾级占比（%） | 53.4 | | 14.1 | | *** | |
| 优先级占比（%） | 78.7 | | 95.9 | | *** | |
| 公众公司占比（%） | 69.1 | | 95.5 | | *** | |
| 首次发行占比（%） | 52.9 | | 8.7 | | *** | |

注：① ** 和 *** 分别表示 5% 和 1% 的显著性水平；②数据采用 1991 ~ 2008 年 144A 市场 5890 个发行样本和公募市场 11104 个发行样本。

资料来源：Thomson Routers SDC Global New Issues Database。

（3）在融资承销费用上，144A 市场也要高于公募市场。作为直接融资成本的重要代理变量，144A 私募债发行人要比公募债券发行人多付 82 个基点给投资银行。这主要是因为承销机构需要花费更多的资源来分析 144A 私募债发行人的信用资质，特别是私募债发行人一般没有较多的公开信息可以获得。

（4）在融资成本上，144A 市场显著高于公募市场。与国债的信用利差相比，144A 私募债的信用溢价（397 个基点）要显著高于公募债券（152 个基点）。这主要是由于私募债券的信用评级要低于公募债券，其中 144A 私募债券平均信用等级约为 10.6（将信用等级从 AAA 到 C 共 22 个等级依次记为 22，21，…，2，数字值越高表明信用等级越高），而公募债券平均信用等级则为 15.4。

（5）在信用评级上，公募市场有评级且高评级比例均要高于 144A 市场。在 1991 ~ 2008 年的样本中，144A 私募债券存在外部信用评级的比例仅有 77.8%，而公募市场这一比例则为 99.3%。在垃圾级信用评级占比上，144A 私募债这一比例高达 53.4%，而公募市场这一比例仅为 14.1%，这也与 Livingston 和 Zhou（2002）的研究结论相一致。

（6）在发行经验上，144A 私募债低于公募债券。在 144A 私募债市场上，优先级债券占比约为 78.7%，发行人首次发行债券占比为 52.9%，公众公司发行的债券占比为 69.1%，与之相对应公募市场这三者分别为 95.9%、8.7% 和 95.5%。这意味着公募市场发行人基本上都是公众公司且多数已有发债或 IPO 经验，并且公募市场债券的优先级也较高。

## 二、注册选择权条款：私募和公募间的切换

144A 债券也具有"注册权"，即要求发行人在一定时期之后要像公募债券那样注册挂牌上市交易，如果发行人不能完成挂牌上市交易，则需支付一个更高的利息率，一般会在 0.25% ~ 0.5%。

大多数高收益 144A 私募债都会有一个"注册权"条款，而投资级 144A 私募债仅有一些会有"注册权"条款。"注册权"条款也对高收益 144A 私募债有更大的影响，但对 144A 私募债券的承销费用和公募债的影响并没有较大的差别。Bethel 和 Sirri（1998）研究认为，约 1/3 的 144A 债券包含注册权条款[①]，而 Livingston 和 Zhou（2002）研究认为，98.22% 的高收益债券都包含了注册权条款，但仅有 43.7% 的投资级 144A 私募债包含注册权条款，Fenn（2000）研究认为，97% 的高收益 144A 债券最终在 SEC 获得注册，并且这种注册一般在 90 ~ 210 天之内完成[②]。

---

① Bethel J. E. and Sirri E. R. Express Lane of Toll Booth in the Desert? The SEC's Framework for Security Issuance [J].Journal of Applied Corpoate Finance，1998，11（1）：25-38.

② Fenn G. Speed of Issuance and the Adequacy of Disclosure in the 144A High-yield Debt Market [J]. Journal of Financial Economics，2000（56）：383-406；Fenn（2000）的研究结果中之所以注册比例较高，是因为 Fenn（2000）的样本中没有将美国以外的发行者、金融机构发行者包含在内。

表 2-3　144A 市场含注册权条款发行统计情况

| | 高收益 144A 发行 | 投资级 144A 发行 | 所有 144A 发行 |
|---|---|---|---|
| 含注册权发行数量（只） | 936 | 163 | 1099 |
| 含注册权发行的比例（%） | 98.22 | 43.70 | 82.88 |
| 发行总数量（只） | 953 | 373 | 1326 |

资料来源：Bloomberg 和 SEC's EDGAR 数据库。

含注册权条款对 144A 债券发行信用利差的影响有以下三个特征：①高收益债券的信用利差要高于投资级债券；②在高收益 144A 私募债发行中，含有注册权条款的信用溢价为 33BP，而不包含注册权条款的信用溢价则为 82BP，前者远远低于后者，这说明注册权条款有助于降低高收益债券的信用溢价；③在投资级 144A 私募债发行中，是否含有注册权条款对信用溢价的影响并无显著的差别。

注册权条款对高收益债券信用利差具有显著的影响，这可能是由于：第一，高收益债券具有更高的代理成本，道德风险问题也会更加严重，因此其投资者就需要更多的信息披露；而注册权条款意味着发行公司承诺在未来一段时间之内在 SEC 或交易所进行注册并接受《1933 年证券法》对信息披露的严格要求，从而向投资者发送了信号，即发行人当前的发行并没有隐藏重大不利信息。第二，相关法律规定将未注册高收益债券的潜在投资者限制在一个很小范围内，144A 债券行使注册权之后，投资者数量会增加，同时流动性也会有所上升，这都会降低风险溢价的水平。

## 三、非公众公司和公众公司：区别对待

在 144A 市场上发行私募债的公司可以分为两类：一类是非公众公司，即没有公开市场融资渠道和经验的公司，它们的股权和债券没有在公开市场上交易过，因而需要向 SEC 递交定期财务报告；另一类是公众公司，即在公开市场上存在股票交易和债券融资的公司，它们需要定期向 SEC 递交财

务报告。

更进一步，如果一个公司既没有公开市场交易的股票，也没有公开交易的债券，那么就不需要定期向 SEC 递交定期报告，这样的公司又被称为非 SEC 报告公司（Non-SEC-Reporting Firms）。根据 Livingston 和 Zhou（2002）的研究，144A 市场上有 23% 的私募债发行是由非报告公司发起的，而在公募市场上仅有 1% 的非报告公司；在发行 144A 私募债券的非报告公司样本中，74% 是高收益债券，21% 是投资级债券，5% 是公开债券发行。这意味着非报告公司对 144A 市场有更高的偏好。在 144A 私募债券市场，非公众公司的发债收益率一般要高于公众公司。

在非公众公司中，还有一类公司是首次在 144A 市场进行债务融资（First-time Issues）的，大约占 144A 发行市场的 51.2%（Livingston 和 Zhou，2002）。首次债务融资由于缺乏相应的市场声誉和市场信息，不仅需要承担更高的承销费用，而且需要承担更高的融资成本。Fenn（2000）研究发现，首次发行公司的收益率溢价要高 30BP 左右。

### 四、可转换和不可转换债券：不可转换为主

尽管 1441A 规则既可以用来发行股票，也可以用来发行债券，但在市场实践中，发行规模最大的是不可转换私募债。根据 Bethel 和 Sirri（1998）的研究，在 1997 年共有 2620 亿美元 144A 私募证券发行：其中有 407 亿美元的股票和 112 亿美元的可转换债券，而不可转换私募债则有 2101 亿美元，占 144A 私募发行市场的 80% 左右[①]。

### 五、承销费用：144A 债券平均高于公募债券 100 个基点左右

由于更少的潜在投资者和信息不透明，144A 债券承销要比公募债券困

---

① Bethel J. E. and Sirri E. R. Express Lene of Tollbooth in the Desert? The SEC's Framework Work for Security Issuance [J]. Journal of Applied Corporate Finance，1998，11（1）：25-38.

难一些，所以承销商可能会要求更高的承销费用。

但与此同时，承销 144A 债券所承担的法律风险更低，工作量也更少，这也意味着更低的承销费用。144A 债券对投资者较少的法律保护也意味着承销商的法律责任风险更低，而且由于承销 144A 债券不需要向 SEC 注册，只需要公募债券大约一半的时间。

表 2-4 给出了 1997 ~ 1999 年美国 144A 市场债券承销费用情况。从中可以发现私募债券承销费用评级要高于公募债券 128BP 左右。这也意味着信息的不透明和更少的潜在投资者使承销商要求更高的承销费用。

**表 2-4 公募发行和 144A 发行承销费用比较分析**

|  | 公募发行 | 144A 规则发行 |
|---|---|---|
| 发行数量（只） | 2652 | 1418 |
| 发行公司数量（家） | 663 | 944 |
| 投资评级发行比重（%） | 91.48 | 31.59 |
| 优先级占比（%） | 98.3 | 67.7 |
| 平均承销费用（基点） | 72 BP（1985 个样本） | 200 BP（400 样本） |
| 最初收益率（%） | 6.81（2093 个样本） | 9.18（1317 个样本） |
| 国债的信用利差（基点） | 115BP（2093 个样本） | 351BP（1317 个样本） |

注：数据区间主要集中于 1997 ~ 1999 年，所有发行均为有 Moody 和 S&P 评级的债券，在行业类别上主要是工业和基础设施公司。

资料来源：Livingston 和 Zhou（2007）。

表 2-5 给出了在不同信用评级下公募发行和 144A 发行的承销费用及信用溢价情况。一般来讲，评级不同其证券其承销费用差别相对较小，但在 AA、BBB 和 BB 三个评级上存在显著的差别。与国债相比，144A 债券信用溢价在 12 个信用评级中有 11 个要高于公募债券，但在 5% 的显著水平上，仅有 4 个评级（分布是 A、BBB、BB、B）存在显著的差异。因此，信用评级并不能解释公募债券和 144A 债券信用利差上的巨大差异。

表2-5　同信用评级下公募发行和144A发行承销费用比较分析

| 评级 | 承销费用 | | 信用利差 | |
|---|---|---|---|---|
| | 公募发行<br>（基点） | 144A发行<br>（基点） | 公募发行<br>（基点） | 144A发行<br>（基点） |
| AAA | 65（13） | 51（7） | 78（25） | 103（23） |
| AAA/AA | 53（7） | NA | 81（7） | 208（2） |
| AA | 62（144） | 68（4） | 80（142） | 101（24） |
| AA/A | 57（92） | 88**（3） | 96（73） | 146*（4） |
| A | 55（766） | 54（28） | 80（834） | 118***（92） |
| A/BBB | 67（106） | 59（19） | 116（111） | 111（55） |
| BBB | 61（647） | 67**（57） | 120（684） | 162***（157） |
| BBB/BB | 81（26） | 91（12） | 169（26） | 181（29） |
| BB | 154（112） | 176**（43） | 217（115） | 276***（106） |
| BB/B | 237（10） | 254（18） | 337（10） | 357（50） |
| B | 258（56） | 266（223） | 379（60） | 453***（704） |
| B/CCC | 288（4） | 279（24） | 507（4） | 563（51） |
| CCC or below | 335（2） | 321（6） | 661（2） | 687（20） |

注：数据区间主要集中于1997～1999年，所有发行均为有Moody和S&P评级的债券，在两者评级不相同时进行拆分，例如BBB/BB；*、**和***分别表示在10%、5%和1%的水平上显著。

资料来源：Livingston和Zhou（2007）。

表2-6给出了影响144A市场信用利差和承销费用的因素及其程度。从发行利率来讲：①即使排除了其他可能的影响因素之后144A私募债券发行平均有一个19BP的风险溢价；②非SEC报告公司144A发债具有显著较高的风险溢价（53.9BP），而SEC报告公司仅为19.0BP；③高收益144A私募债券与投资级144A私募债券相比具有更高的风险溢价。

表 2-6　影响 144A 市场信用利差和承销费用的因素

| 影响因素 | 信用利差 | | 承销费用 | |
|---|---|---|---|---|
| | 方向 | 影响水平（BP） | 方向 | 影响水平（BP） |
| 非 SEC 报告公司 | + | 53.9 | + | 不显著 |
| SEC 报告公司 | + | 19.0 | + | 不显著 |
| 首次发债公司 | + | 24.38 | + | 4 |
| 发行频率 | − | 7.78 | − | 3.25 |
| 违约风险溢价 | + | 0.99 | − | 不显著 |
| 发行规模 | − | 3.19 | − | 不显著 |
| A/BBB | + | 33.6 | + | 不显著 |
| BBB | + | 52.6 | + | 不显著 |
| BBB/BB | + | 92.0 | + | 26.7 |
| BB | + | 171.6 | + | 110.8 |
| BB/B | + | 284.3 | + | 182.5 |
| B | + | 368.7 | + | 194.8 |
| B/CCC | + | 479.0 | + | 206.6 |
| CCC or below | + | 588.4 | + | 261.9 |
| 优先级 | + | 48.7 | − | 14.2 |
| 久期 | + | 17.3 | + | 16.89 |

注：数据区间主要集中于 1997 ~ 1999 年，所有发行均为有 Moody 和 S&P 评级的债券，在两者评级不相同时进行拆分，例如 BBB/BB；其中发行规模、久期、发行频率均采用对数值，信用评级、公司类型、优先级等变量采用虚拟变量，因变量采用 AAA 级 144A 债券为基准，样本点共有 3258 个。

资料来源：Livingston 和 Zhou（2007）。

从发行利率的影响程度来讲，信用评级仍然是最重要的影响因素，然后是看公司是否具有市场融资声誉和信息披露，即是否为首次发债公司、SEC 报告公司和高频率发债公司，接下来是发债自身合约条款，如发行规模、是不是有评级、发行期限等，从中可以发现 144A 市场在发行利率方面具有一定的规模优势，即随着发行规模的提高，发行利率反而会有所下降。

在承销费用方面，影响 144A 债券发行承销费用的因素如下：①投资级以上的信用评级变化对承销费用没有显著影响，而在投资级以下，信用质量越差，承销费用就越高，在 CCC 级及以下信用等级上，承销费用相对 AAA 级要高 261 个基点，这意味着信用评级越低，投资银行需要付出更多资源和成本来进行证券销售；②在 144A 私募债券发行承销费用上，规模经济并不显著存在，首次发债企业的承销费用也仅有很少的成本增加。

# 第三章  私募债券的混合型发行：国际分析和比较

## 第一节  私募债发行方式：内涵和演变

### 一、发行方式的演变

债券发行一般分为公开发行（Public Offers）和私募发行（Private Palcements），但在实践中，还发展出了混合选择发行（Hybrid Alternatives Offers），包括上市私募（Listed Private Placements）、机构间发行（Institute Offerings）。为了方便那些经常发债的发行人，在公开发行框架下还引入了暂柜发行（Shelf-registrations）和特殊发行人自主发行〔Automatic Approvals for Well-known Seasoned Issuers（WKSI）〕。而在混合发债机制上，最为典型的要属美国、印度、马来西亚和欧盟。

混合发行机制有更为宽松的监管要求，并且主要是面向那些专业或机构投资者设计的。通过将传统公开发行和私募发行的关键元素进行组合，混合发行机制使其对投资人的吸引力达到最大，同时也将发行人的发行时间和成本进行了最小化。在这样的背景下，对混合发行的监管主要在这两个维度上进行权衡，以使公司债券发行更加便捷。其中关键的环节在于确保目标投资者是合格投资者。此时，加强和提高机构投资者的专业化水平就要依靠市场配套措施了。

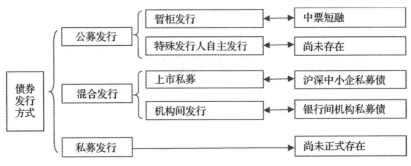

图 3-1　债券发行方式及其在我国的发展状况

## 二、混合发行方式：内涵和要素

混合发行又称专业发行，主要是跟单纯的私募发行和公开发行相对应，之所以称为专业发行，是因为其投资者主要局限于专业投资者。从定义上讲，尽管在不同的国家和法律环境下，混合发行有不同的要素，但从根本上来讲，混合发行结合了公开和私募发行两种要素，并且满足以下要件：①对完整的招股说明书的豁免；②在合格投资者范围内允许二级市场交易。表 3-1 给出了私募发行、公开发行和混合发行机制的主要特点。

表 3-1　私募发行、公开发行和混合发行机制的比较分析

| 特征 | 发行机制 | | |
| --- | --- | --- | --- |
| | 纯私募发行 | 公开发行 | 混合发行 |
| 投资者 | 一般都会限制人数；有时会根据专业化水平进行资格限制 | 无人数限制；对机构、专业和个人投资者开放 | 典型限制是根据投资者的专业化水平而设置的；一般机构和合格投资者有资格；有时也会限制人数 |
| 提交监管机构发行文件 | 典型意义上没有① | 提交全套文件 | 豁免全套文书的提供；有时会要求一个简写版本或仅提供基础信息 |

① 私募发行并不需要向监管机构提供任何相关文件，虽然发行人需要向目标发行者提交募集说明书或备忘录。一般这类文件是基于市场实践或发行者与投资者之间的协议，而非监管机构的强制性要求。

续表

| 特征 | 发行机制 | | |
| --- | --- | --- | --- |
| | 纯私募发行 | 公开发行 | 混合发行 |
| 监管和审批 | 不需要 | 需要；时间长短不一，需要监管机构全程审核 | 一般不需要；即使需要，一般是自动备案或仅需数日 |
| 二级交易市场 | 高度受限；即使存在，一般也是OTC | 无限制；交易所或OTC | 一般限于合格投资者，但他们之间可自由交易；场所为OTC |
| 持续信息披露要求 | 不需要 | 完全持续的信息披露 | 一般简要披露 |
| 反欺诈条款① | 没有 | 适用 | 一般适用 |

资料来源：笔者根据相关资料整理。

（1）投资者。混合发行机制下的投资者仅限于有资格的投资者，一般是指那些机构投资者或高净值投资者（Hing Net Worth Investors），他们拥有丰富的债券市场经验。纯私募市场一般会限制投资者的数量（在发展中国家一般是50人左右）而不是投资者的类型；而纯公募市场则没有投资者限制。

（2）监管和审批。在有些混合发行机制下，发行人并不需向监管机构提供任何发行文件，监管审批也被取消了，这使其更加类似于纯私募发行；而有些混合发行要求提供简要的发行文件或提示性信息，还有一些混合发行仅当债券要在交易所上市时才需要提交发行文件并进行监管审核，但无论是哪一种情形，混合发行机制均不需要批准，或者其本质上是一种备案自动批准机制。作为比较，纯私募发行一般不需要招募说明书且无须监管机构批准，在极少数情形下仅需要少量的信息，但并不是出于审批目的，而是为了给予监管者一定的备案信息。纯公开发行则需要全面的发行文书和监管者审核。

---

① 反欺诈条款一般是指发行人或中介机构的责任，特别是监管机构要求发行人和中介机构对发行过程中信息的准确性和真实性负责，以避免对投资者产生误导。

值得注意的一点是，无论监管机构是否要求，混合发行和纯私募发行都需要向目标投资者提供发行情况说明文件。

（3）二级市场交易。混合发行的另一个重要特征是二级市场交易的便利性，一般而言，这种交易仅限于在有资格的投资者之间进行。而纯私募发行一般具有非常有限或高度受限的二级市场交易条款，纯公募市场则对二级市场交易无限制。混合发行和纯私募发行的二级市场交易一般是在场外市场（Over-The-Counter，OTC）进行，而公开发行的二级市场交易则在交易所或OTC进行。

（4）持续信息披露要求。混合发行机制下的发行人一般仅需要满足简单的持续信息披露，但如果在交易所挂牌交易，则需要满足类似于公开市场的完整持续的信息披露要求。而纯私募发行一般不需要持续的信息披露。

（5）反欺诈条款。与公开发行类似，混合发行也存在反欺诈条款，一般是对发行披露文件和发行过程中的虚假及误导性陈述进行责任划分。这种责任主要由监管机构通过特别的条款来监督并执行，以保证发行人和中介机构对发行过程中信息的准确性和真实性负责。这些特别条款形成了对投资者的重要保护，特别是对于机构投资者而言，养老基金和对冲基金等这些对最终投资者负有受托责任的机构，在投资没有类似保护的证券品种时就会非常谨慎。这些反欺诈条款在法制不发达的地区尤为重要，因为这些地区法律有效性较低且执行法律也较为困难。纯私募发行一般没有提供类似的保护，所以纯私募债的投资者不能依靠监管机构来调查潜在的欺诈情形，他们只能通过地方的法庭来解决相关纠纷。

总而言之，纯公开发行机制的范围最为广泛，同时对投资者的保护也最为严格，但其最初发行和持续信息披露方面的要求会使发行人承担较高的成本，从而使企业的债券融资渠道受到较大的限制，这一点在那些具有较少发行经验的小型企业身上体现得尤为明显。纯私募发行范围较小，对投资者的保护程度也较小，该机制为企业提供了最为快捷的债务融资方式，但有限的信息披露和严格限制的二级市场交易使其对投资者的吸引力较弱。混合发行机制的目标在于最小化发行人的监管负担和发行成本，同时通过一定程度的保护和二级市场交易的灵活性来最大化其对投资者的吸引力。

# 第二节　私募债发行及上市的制度安排：国际经验和比较研究

通过比较纯私募发行和混合发行两种机制几个方面的异同，来更加清楚地分析混合发行方式的实质。我国在 2012 年 5 月引入的中小企业私募债，在本质上是一种混合发债方式。

## 一、现状、性质和时间

表 3-2 给出了具有某些混合发行机制特征的发展中国家（包括中国）。在所选择的 11 个国家中有 9 个国家存在混合发行机制，而韩国和南非只存在纯私募发行机制；除美国外，所有国家的监管规则都是过去 10 年之内才开始使用的。

表 3-2　混合发行机制采取年代和性质

| | 混合发行机制 | | | | | | | | | 纯私募发行 | |
| --- | --- | --- | --- | --- | --- | --- | --- | --- | --- | --- | --- |
| | 美国 | 欧盟 | 巴西 | 智利 | 印度 | 中国 | 以色列 | 马来西亚 | 泰国 | 韩国 | 南非 |
| 年份 | 1990 | 2003 | 2009 | 2001 | 2008 | 2012 | 2005 | 2007 | 2009 | 2009 | 无 |
| 性质 | 有二级交易市场 | 豁免公开发行文件 | 豁免公开发行文件 | 豁免公开发行文件 | 可上市私募债 | 可上市私募债 | 有二级交易市场 | 有二级交易市场 | 有二级交易市场 | 纯私募市场 | 纯私募市场 |

资料来源：笔者根据相关资料整理。

混合发行机制主要可以区分为三个类型：具有二级交易市场的私募发行、豁免公开发行程序、可挂牌上市私募债。在美国、以色列、马来西亚、泰国，私募债无论是否通过混合方式发行，在官方和实践中都被认为是非公开发行；而在欧盟、巴西、智利，混合发行仅是被豁免完整的募集说明书，但仍然被认为是公开发行。印度则是独特的可挂牌交易私募债，能够增加其透明度和对机构投资者的吸引力。

我国 2012 年 5 月引入的中小企业私募债在本质上是一种混合发债方式，由于我国尚不存在纯粹意义上的私募债券市场，所以混合发债方式主要是在公募债券的基础上引入纯私募发行的优点，例如面向无资本市场融资经验的中小企业、由审批制转向备案制以降低融资时间和融资成本、投资和交易仅限于合格投资者等。在我国的混合发债机制下，不仅包含了对完整募集说明书制作豁免，还可以在交易所进行挂牌展示，因此更类似于公开发行。

## 二、关键要素

表 3-3 说明大多数国家的混合发行机制都将关键要素定义为仅有某种类型的投资者可以购买私募债。更为宽泛地讲，所有的国家都对混合发行机制下的投资者进行了条件约束，尽管这种约束在各个国家有所不同：有些国家更加严格，而有些国家则包含了高净值人群。欧盟在有资格的投资者之外，还规定了四种其他情形也可以对公开募集说明文件进行豁免，例如面向少于 100 个投资者的债券发行①、单张票据面额不低于 5 万欧元的债券发行②。其中后者主要通过提高门槛来阻止一般投资者购买私募发行债券。

---

① 2012 年 7 月增加至 150 人。
② 最小发行面额已经增加至 10 万欧元，其他两个条件包括：第一，每一个投资者在发行中所购买的债券金额总计不低于 5 万欧元（已经增加至 10 万欧元）；第二，在过去 12 个月中总发行金额低于 10 万欧元（已经增加至 15 万欧元）。

表 3-3 混合发行机制下的关键要素

| | 混合发行机制 | | | | | | | | | 纯私募发行 | |
| --- | --- | --- | --- | --- | --- | --- | --- | --- | --- | --- | --- |
| | 美国 | 欧盟 | 巴西 | 智利 | 印度 | 中国 | 以色列 | 马来西亚 | 泰国 | 韩国 | 南非 |
| 关键要素 | QIBs | 5个要件 | 最多20QIBs | 合格投资者 | 最多50个投资者 | 最多200QIBs或HNW | 有资格投资者 | HNW和QIBs | HNW和机构投资者 | 少于50个投资者 | 无要求 |

注：QIBs= 合格机构投资者，HNW= 高净值个人。

资料来源：笔者根据相关资料整理。

印度是唯一一个将投资人数量而不是投资者类型作为混合发行机制关键要素的国家，而关于投资者数量的限定一般在纯私募发行机制下较为普遍（例如韩国）；虽然如此，印度混合发行机制下高达 1000 万印度卢布（约合 22 万美元）的债券面值将投资和交易者主要限定在机构投资者范围之内。南非对私募发行没有特别的监管规定，因而也在监管机构的视野之外。

中国混合发行机制下，核心要素主要是对投资者范围和数量的限制。中国主要对合格投资者和高净值个人进行了严格的界定，同时也规定了 200 个投资者的数量上限。

## 三、发行和审批文件

除了中国之外，混合发行机制下一般都豁免对完整募集说明文件的提交要求。大多数国家均要求发行人向交易所或监管机构提供关于发行的某种证明文件或一般信息文件来代替，从而确保混合发行机制下证券对投资者和监管机构有最低限度的透明度。例如，智利和泰国均要求发行人提供简版的募集说明书，马来西亚要求发行人向监管机构提供发行的原则性条款和信息备忘录，印度要求发行人向交易所提供简要的信息披露，而巴西则要求发行人在债券发售后 5 个交易日提供关于发行的总结性声明文件，美国则要求发行人提供豁免声明文件和相对有限的信息给监管机构（见表 3-4）。

表3-4 混合发行机制下的审批和监管文件

| | 混合发行机制 | | | | | | | | | 纯私募发行 | |
| | 美国 | 欧盟 | 巴西 | 智利 | 印度 | 中国 | 以色列 | 马来西亚 | 泰国 | 韩国 | 南非 |
|---|---|---|---|---|---|---|---|---|---|---|---|
| 提交完整募集说明 | 否 | 否 | 否 | 否 | 否 | 是 | 否 | 否 | 否 | 否 | 否 |
| 提交任何形式的发行文件 | 是 | 否，除非挂牌 | 是 | 是 | 是 | 是 | 是 | 是 | 是 | 否 | 否 |
| 提交文件类型 | 豁免声明 | 无 | 完成公告 | 简要募集说明 | 简要披露文件 | 募集说明书和备案登记 | 证券描述和信用措施 | 原则性条款、IM | 注册声明、简版募集说明 | 无 | 无 |
| 提交文件时机 | 初次发售后 | 无 | 发售后5个交易日 | 首次发售2个交易日前 | 上市前 | 发行前 | 在挂牌前 | 发行前 | 首次发售1个交易日前 | 发售之后 | 无 |
| 是否需要审批 | 否 | 无 | 否 | 否 | 交易所 | 交易所 | 否 | 是 | 是 | 否 | 无 |
| 审批最长时间 | 无 | 无 | 无 | 无 | 5个工作日 | 10个工作日 | 无 | 14个工作日 | 1个工作日 | 无 | 无 |

注：IM：Information Memorandum（信息备忘录）。

资料来源：笔者根据相关资料整理。

中国的混合发行机制对发行过程有较为严格的要求，如完整的募集说明书、登记备案表等文件，从而保证了私募债券最大的透明度，但制作完整的募集说明书也意味着发行人将花费更多的成本和时间。

在9个有混合发行机制的国家中，有5个存在纯私募发行市场，均不要求提供监管审批文件；而没有纯私募发行机制的4个国家均对相关文件提供审批机制，如中国、印度、马来西亚和泰国。以我国为例，尽管在上海证券交易所和深圳证券交易所发布的《中小企业私募债业务试点办法》中明确说明采用备案制，交易所仅对提交文件在 10 个交易日内进行完备性审核，但在实践中仍然具有较为厚重的审批色彩。

## 四、挂牌上市

在大多数国家通过混合方式发行的债券如果要挂牌上市交易，一般都要求发行人按照公开募集的类似要求进行信息披露。在这样的情况下，发行人将以混合方式首次发行的债券在交易所上市，如果是为了推迟完整募集说明书的信息披露，则对于发行人而言，采取这种模式的优点则在于可以在较少监管的条件下快速获得融资并有效利用当时的市场条件，这种方式在南非被比较广泛地使用。

而在印度和欧盟则是例外，混合机制下发行的债券在挂牌时仍然要遵守较为宽松的信息披露标准和较快的审核程序。例如，在印度交易所挂牌是混合发行方式的核心要素，否则就完全类似于纯私募债了。印度在 2008 年引入挂牌私募债，其目的在于通过提高债券的透明度和对投资者的吸引力，来替代传统不透明的私募市场，这一措施获得了很大的成功，挂牌私募债发行量在 2010 年相当于印度企业债券的 80%。

在欧盟，挂牌私募债的流行主要是为了满足机构投资者的需求，因为在机构投资者的投资指引中对于非交易所挂牌债券都有严格的投资额度限制。而且在欧盟，即使发行方式并非混合发行，只要最小单张面额超过 5 万欧元（2012 年 10 月提高至 10 万欧元）的债券上市挂牌都采用较为宽松的挂牌条件。

混合方式下的私募债挂牌上市，在中国是与发行同时进行并由交易所主导的，挂牌也是混合发行方式的核心要素，因而在中国并不存在没有挂牌上市的私募债券。

## 五、二级市场交易、信息披露和反欺诈

在混合机制下债券二级市场交易条件方面，大多数国家都有与一级市场发行类似的限制条件；在 11 个国家中有 7 个国家规定二级市场交易仅限于在有资格的投资者之间进行。在韩国混合机制下发行的证券禁止拆分并且在 1 年内只允许转让给 1 位投资者，以确保投资者总数不能超过 50 人，而这样的要求在典型的纯私募市场中普遍存在。印度和南非对转让并无具体的规则限制，但印度混合型债券单张面值金额都比较大，从而将潜在的个人投资者排除在外。中国混合性债券二级市场交易条件方面，一方面对投资者的资格进行严格的限制，仅限有资格的投资者（合格机构投资者和高净值个人）参与，另一方面交易也限制在特定的交易场所，券商可以为债券进行做市，但最终投资者总数不能超过 200 人。

表 3-5　混合机制下私募债券二级市场交易、信息披露和反欺诈

| | 混合发行机制 | | | | | | | | | 纯私募发行 | |
| | 美国 | 欧盟 | 巴西 | 智利 | 印度 | 中国 | 以色列 | 马来西亚 | 泰国 | 韩国 | 南非 |
|---|---|---|---|---|---|---|---|---|---|---|---|
| 交易条件 | QIBs | 类似发行豁免 | QIBs、90 天持有 | 合格投资者 | 无，一般大额面值 | 合格投资者，独立系统 | QBs 独立交易系统 | HNW 和熟练投资者 | HNW 和机构投资者 | 1 年仅能转 1 次 | 无，一般大额面值 |
| 信息披露要求 | 无 | 如挂牌则要求 | 是，但宽松 | 是，类似公募 | 是，类似公募 | 是，类似公募 | 否 | 较公募宽松 | 较公募宽松 | 否 | 否 |
| 反欺诈 | 是 | 是 | 是 | 是 | 是 | 是 | 是 | 是 | 是 | 否 | 否 |

注：QIBs = 合格机构投资者；HNW = 高净值个人。
资料来源：笔者根据相关资料整理。

关于持续信息披露各个国家均有不同的要求，但在仅有纯私募发行机制的国家（如韩国和南非）均不需要持续的信息披露机制。在美国混合机制下发行的债券（主要是 D 规则和 144A 条件下发行的债券），持有人和意愿投资者有权从发行人处获得以下信息：①关于发行人的产品、服务信息；②发行人最近的资产、负债、利润和损益等情况；③发行人最近两个财年的财务状况。欧盟、巴西、马来西亚和泰国强制要求信息披露，但较公募债券有所宽松，而智利和印度混合机制下的债券信息披露标准与公募债券相同。

中国混合型债券（主要是沪深交易所中小企业私募债）在持续信息披露方面不仅有强制性要求，而且在严格程度方面类似于公募债券。一般而言，公募债券在持续信息披露方面要向所有投资者披露定期报告[1]以及重大事项信息报告等，而混合型债券则无定期报告披露的强制要求，且披露范围仅限于特定的合格投资者群体。

几乎所有国家都对混合型债券发行要求一定程度的反欺诈条款，即要求发行人和中介机构在混合型债券发行过程中所做的信息陈述和披露承担责任，并且这一责任要求与公募发行相类似。而两个仅有纯私募型发债方式的国家都无此保护性条款。中国混合型债券发行对反欺诈条款提出了明确的要求，对发行人违反募集说明书约定及相关承诺，会员及中介结构违反信息披露义务或出具文件含有虚假记载、误导性陈述或重大遗漏的相关处罚做出了明文规定。

## 六、混合型债券发行重要性

混合型债券发行的重要性如何？我们用混合型债券发行金额在企业债总发行量中的占比作为代理变量对这个问题进行研究。一般而言，非公开发债（无论是混合型发债还是纯私募发行）规模数据都比较难以获得，特别是在

---

[1] 在我国，发改委审批的企业债没有定期信息披露的要求。

发达国家（如美国和欧盟），在私募债发行方面均无备案注册要求。而对于发展中国家和地区而言，私募债发行规模数据一般都可以从监管机构获得。

在发展中经济体，混合型债券发行重要性最高的国家和地区依次是马来西亚、印度、巴西和泰国，在企业债总的发行规模中的占比分别为99%、80%、70%和36%；值得一提的是泰国，在企业债发行数量方面混合型发债占81%。巴西于2009年引入混合型发债方式，而在2010年第一季度到2010年第四季度发行量就表现出明显的增长态势。

智利在2001年引入混合型发债方式之后发行量几乎为零，其主要原因可能在于：①没有同时引入足够灵活的关于机构投资者的监管措施；②发行者和中介机构有更强的偏好去继续制作完整的募集说明书。例如在智利，虽然混合型发债取消了债券评级要求，但主要的机构投资者，如养老保险基金在投资范围方面仍然限定在一定的信用评级之上，这也说明了在投资者范围内的监管规则修改，对于企业是否能够充分利用混合发行机制的优势至关重要。

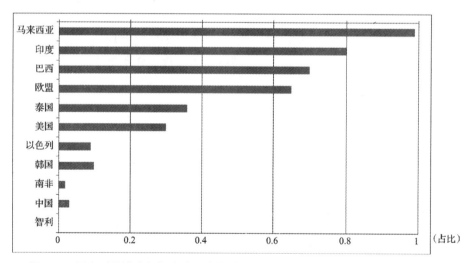

图3-2　混合型债券发行额在企业发债总量中所占的比重（中国截止到2014年）

资料来源：笔者根据相关资料整理。

美国和欧盟的混合发债方式也占据了相当的比例，分别达到了 30%[①] 和 65%[②]。在美国过去 15 年混合发行方式占高收益债券发行的 70%，这也证明了混合发债方式的强大吸引力，特别是对于那些不够成熟、风险更高同时在传统融资市场难以获得融资的企业。

中国于 2012 年 5 月引入混合型发债方式，但截至 2017 年 12 月 31 共计发行 3379 只债券，募集资金 26410.52 亿元，与信用债 91.9 万亿元融资相比，占比为 2.87%。中国混合型发债方式为中小企业开辟了一个新的融资渠道，但没有获得较大规模的推广和应用，其中存在诸多的原因。智利混合发债方式的教训也许值得吸取，即应当适当增加关于机构投资者投资范围的规定的灵活性，使中小企业私募债在没有信用评级或信用评级较低的情况下，能够进入大型机构投资者的资产池中。

# 第三节 小结

为了促进公司债券融资市场的发展，需要提高监管的灵活性和扩大一级市场发行方式的范围，从而为不同类型、行业的公司发行人提供方便，不管他们是首次发行还是连续发行。这些可以通过为发行人提供在公募发行框架之内和之外的选择空间来达到：①在公募发行方式中引入快速通道，如暂柜发行（Shelf–Registrations）和熟练发行人自动审批机制；②引入替代发行方式，如私募发行和混合发行方式。这个过程背后的逻辑在于，债券的主要投资者（一般是机构投资者和高净值个人）并不需要获得类似于个人投资者和股权投资那样高水平的保护。

---

① 资料来源：汤姆森金融（Thomson Financial）、美国证券业和金融市场联合会（SIFMA）和世界银行（World Bank）。

② 关于欧盟公募发行和私募发行的规模难以获得准确数字。一个较为合理的估测来自最小面值 5 万欧元以上且在卢森堡交易所挂牌的债券，数据仅包含用欧元发行的债券。

混合发行机制增加了债券发行一级市场的灵活性。混合发行试图达到一种平衡：一方面，给予发行人最充分的灵活性，从而促使更多的企业可以通过债券市场融资；另一方面，尝试给予投资者充分的保护以增强债券对目标投资者（一般是受到严格监管的养老基金和保险基金）的吸引力。这样的背景下，在不同的国家混合发行机制就会有不同的形式，但一般而言都具有如下几个核心特征：第一，限定投资者的范围，一般是机构投资者和高净值个人；第二，减少初次和后续信息披露要求；第三，去监管化，特别是在审批方面的要求；第四，减少进入二级市场交易的限制，一般是在OTC；第五，在初次募集和持续信息披露方面的防止欺诈规定。

最为重要的是，混合发行方式的前提假设在于其主要投资者是对债券投资高度熟练的机构投资者，即投资者有充分的知识和资源来分析投资机会、评估债券内在的风险。因此，在这个过程中，提高机构投资者的专业化水平就成为混合发行方式推广和拓展过程中不可或缺的一个环节。同时，也需要有效的措施阻止一般个人投资者进入私募市场，如加强投资者适当性管理、清晰定义投资者的范围等。

虽然机构投资者拥有足够的知识来评估和分析私募债券中的机会和风险，但持续且严格的反欺诈措施也至关重要，因为在发展中国家不仅法律体系的执行效率存在严重不足，而且在很多情况下缺乏完善的法律条文。这种背景下，就需要特别强调对中介机构和发行人信息披露的要求，特别是准备募集说明书、尽职调查过程整体信息的真实性和完备性。

必须注意到，我国证券市场正在发生一些重要而积极的变化，例如，"超日债"等一系列企业债违约事件将促使债券投资者重新关注其自身信用分析和风险处置能力建设、中国监管机构对证券发行承销机构的处罚力度不断加大使承销商更加重视内部资质评估体系建设、对社保基金和保险公司等投资机构的投资范围限制也正在逐步放开，这些变化从长期来讲无疑对构建一个健康的私募债市场意义重大。

要使中国交易所私募债"既叫好又叫座"，从根本上还是要充分发挥其备案制便捷、批量发行、信息相对透明等优势，拓展潜在投资者群体，培育中小企业信用市场。

（1）扩大私募债投资者范围是现实有效的手段。交易所私募债的一大优势在于通过挂牌上市来提高透明度，以增加对投资者的吸引力。而解除保险公司、社保基金等传统私募债高持有率机构对私募债券的投资限制，是充分发挥交易所私募债优势，破解"难叫座"的现实选择。

（2）建立私募债承销商市场信誉机制是发展方向。承销商市场声誉机制的存在，是发挥备案制批量快捷融资发行优势的重要前提和保障。当前我国在 IPO 市场已经加大了对承销保荐机构在发行后续环节的责任落实和督导，并为承销保荐机构重视内部信用资质评估筛选建设、珍惜市场声誉提供了良好的监管环境。在私募发债市场中，进一步引导承销商建立信用资质评估筛选体系，建设承销商私募债市场声誉机制应是未来的发展方向。

（3）培育具有信用风险处置能力的机构投资者群体是私募债市场发展的关键所在。与公募债券市场相比，私募债市场对投资者群体有更高的要求，投资者自身具有较高的信用风险处置能力。当前，缺乏具有信用风险处置能力的投资者群体是我国私募债市场发行难的关键原因，而投资者信用风险处置能力的培育需要一个长期的过程，目前可以考虑通过从国外引入私募债权投资基金，来引导国内这一投资者群体的形成。

（4）加强私募债市场的基础设施建设不可或缺。债券市场最为重要的是信用风险揭示，在公募债券市场一般通过官方信用评级机构的信用评级来实现，如穆迪、标普等；但在私募债市场，信用揭示的基础设施更是不可或缺。例如，美国保险协会下设信用评估办公室（NAIC），为保险机构所投资的私募债券进行信用评级，是美国私募债券市场重要的基础设施。

# 第四章　私募债券融资信用评级和违约分析：美国市场的经验和启示

## 第一节　传统私募债以投资级为主：从信用评级来看

从信用评级来看，美国传统私募债市场是一个投资级债券占据主导地位的高信用等级债券市场（BBB 级或相当于 BBB 以上信用等级债券约占95%），投资者内部评级占据重要地位；与相同等级的公募债券相比，传统私募债存在一个 20BP ~ 60BP 的溢价，这种溢价主要是对投资者信用评估和持续监督成本的补偿。

### 一、私募债券市场的信用评级

私募债券信用评级主要由 SVO、外部信用评级（主要是穆迪、标普）和投资者内部信用评级三个方面构成。美国寿险公司购买的每一笔私募债券均要由美国保险业协会（National Associationof Insurance Commissioners，NAIC）的证券估值办公室（Securities Valuation Office，SVO）给予一个风险资产评级，或者由受 NAIC 认可的评级机构（Acceptable Rating Organization，ARO）给予评级。证券估值办公室主要对保险公司所购买的私募债券给出一个相应的风险资产信用等级[1]，大部分私募债券的信用评级都由 SVO 做出。而市场

---

[1] Advantus Capital Management. Private Placement Bond: Shedding Light on a Valuable Alternative［EB/OL］. http://scribd.com/document/321311966/Private-Placement-Bonds-A-Valuable-Aleernatie.

上主要信用评级机构在 20 世纪 90 年代早期很少介入私募债券的信用评级，当前有相当规模的私募债评级由标普和穆迪给出。而大多数的保险公司也对自己资产组合中的私募债券给出一定的内部信用评级。

　　私募债券大多数由非官方评级机构评级或是无评级债券。在私募债券市场上，绝大多数私募债券都没有三大评级机构［标普（S&P）、穆迪（Moody）和惠誉（Fitch）］的官方信用评级（见图 4-1）。在美国私募债市场上，主要活跃着 50 名左右的机构投资者①，主要是养老基金和寿险基金等长期资金的持有者。美国私募市场上的投资 80%～90% 来自保险类公司（如 AIG）和寿险类公司（如 Metlif 和 North Western Mutual）②，而这些寿险公司一般都有自己的信用评级机构和评级人员，可以独立地对发行人进行信用评级而不依赖其他市场信用评级机构的观点。根据 NAIC 的统计数据③，截至 2012 年底，美国人寿保险公司共持有 7260 亿美元的私募债券，约占寿险公司总资产的 28%，而在 2001 年其持有的私募债券仅为 790 亿美元，约占寿险公司总资产的 8%。

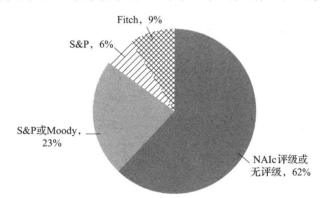

**图 4-1　美国私募债券市场评级债券和非评级债券结构**

资料来源：BAML's Deals。

---

① Tim Hayter. Assessing the US Private Placement Market from a Corporate Perspective［EB/OL］. http：//www.treasurers.org/node/5973，2010.

② Bamber N. Private Bonds Flourish as Issuers Seek Tailored Capital［EB/OL］. http：//www.euromonay.com/article/b12kjL13Im3vqv/private-bonds-flourish-as-issuers-seck-tailored-capital.

③ http://www.naic.org/cipr_topics/topic_private_placements.htm。

传统私募债市场是一个投资级债券市场。在私募债市场上，投资者一般将信用评级分为三类：NAIC–1（相当于 A– 以上的评级）、NAIC–2（相当于 BBB+ 与 BBB– 之间的评级）、NAIC–3（相当于 BBB– 以下的评级）。图 4–2 给出了私募债市场信用评级在各年度的分布情况，从中可以看出相当于 BBB– 以上的投资级私募债约占发行总额的 95% 以上，投资级以下的私募债平均在 3% 左右，特别是 2010 年以来投机级私募债的发行比例下降更多，这主要是由于全球金融危机之后市场风险偏好的下降。在私募债发行中 NAIC–2 评级占较大比例，平均约为 65%。

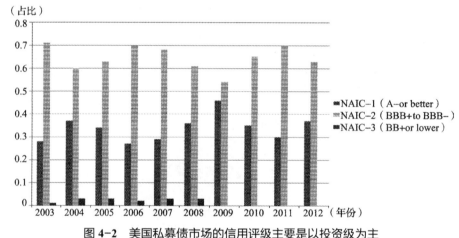

图 4–2　美国私募债市场的信用评级主要是以投资级为主

资料来源：私募监测网（Private Placement Montior）。

## 二、传统私募债券市场的信用溢价

　　私募债券信用利差较同等级公募债券平均存在一个 20BP ～ 60BP 的溢价[①]。金融危机以来，美国私募债中 NAIC–1 和 NAIC–2 评级的债券与公募债券市场对等评级债券的收益率略有提高（见图 4–3 和图 4–4）。

---

[①] 资料来源：Bank of American，Period of 9/30/2011–12/31/2012.

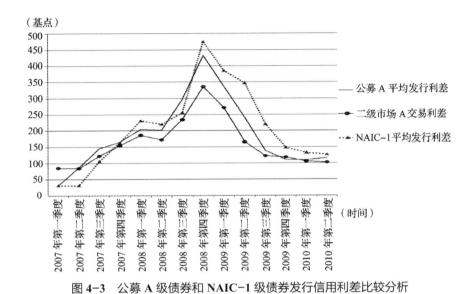

图 4-3　公募 A 级债券和 NAIC-1 级债券发行信用利差比较分析

资料来源：美银美林（Bank of American/Merrill Lyncb）。

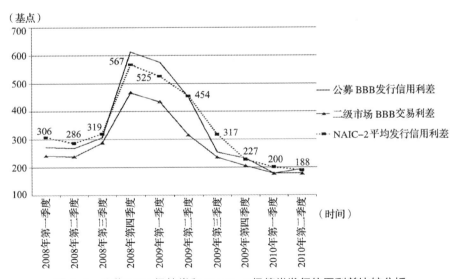

图 4-4　公募 BBB 级债券和 NAIC-2 级债券发行信用利差比较分析

资料来源：美银美林（Bank of American/Merrill Lyncb）。

在金融危机之前，NAIC-1 评级私募债在发行信用利差上甚至还低于 A
级公募债券信用溢价，而 2009 年第二季度开始信用利差开始扩大至 107BP，
随后逐步缩小，到 2010 年第二季度两者的信用利差已经缩小到 10BP 左右。
与 BBB 级公募债券发行信用利差相比较，信用评级相对较低的 NAIC-2 私
募债发行信用利差一般要低一些，在 2008 年第四季度和 2009 年第一季度，
私募债券的信用利差甚至更低一些，这可能主要是由于私募债券合约包含了
更多的投资者保护条款。

在对 NAIC-2 级信用利差的散点图跟踪中，可以发现 NAIC-2 类私募债
的信用溢价自 2009 年 3 月以来有所下降，但与危机之前相比，分布的方差
范围仍然较大（见图 4-5）。

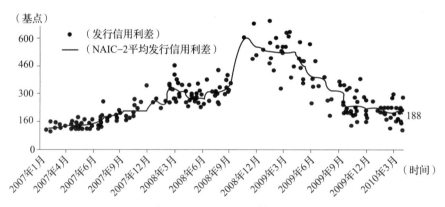

图 4-5　对 NAIC-2 级信用利差的散点图追踪

资料来源：美银美林（Bank of American/Merrill Lyncb）。

2013 年私募债仍然有相对较低的信用溢价。2013 年上半年的私募债
发行共 110 笔、融资 240 亿美元，与 2012 年同期相比下降了 18%。2013
年的私募债市场具有以下特征：①投资者需求超出供给；②尽管国债收益
率近期上升，但私募债利息率仍然较低；③延迟融资和结构化融资有所
上升。

表 4-1　私募债 2013 年上半年信用溢价（相对于国债利差，BP）

| NAIC 评级 | 5 年期 | 7 年期 | 10 年期 |
| --- | --- | --- | --- |
| 1 | 125 ~ 175 | 125 ~ 150 | 125 ~ 150 |
| 2 | 150 ~ 275 | 175 ~ 250 | 190 ~ 250 |
| 3 | 500 ~ 625 | 500 ~ 625 | 500 ~ 625 |

资料来源：私募监测网（Private Placement Monitor）。

# 第二节　传统私募债低于公募债券：
# 从历史违约损失来看

北美精算师协会（Society of Actuaries）[①] 在 2002 年对美国保险公司持有的私募债信用违约风险情况进行了研究，这一研究涵盖了存量私募债资产的 24% ~ 44%，并经历了两个信用风险周期，对私募债的违约率、损失率、损失程度等进行了深入的梳理，与类似信用等级的公募债券相比，研究发现，私募债券有更低的信用风险损失。对于 B 评级以下私募债而言，信用风险损失程度和信用风险发生率都要低于公募债券；但对于 BB 级以上而言，私募债信用风险发生率要高一些。从经济损失率上来看，B 级以下私募债的优越性来源于较低的信用风险发生率，BB 级以上私募债的优越性来源于较低的信用风险损失程度。

## 一、历史信用损失率比较：私募债券较公募债券有 50 个基点优势

债券的信用损失主要受到两个方面的影响：信用风险事件（Credit Risk

---

① Society of Actuaries. 1986–2002 Credit Risk Loss Experience Study: Private Placement Bonds［EB/OL］.［2006–04］. http://www.soa.org/Files/Research/Exp–Study/Report2002–20060418.pdf.

Events，CRE）发生率和信用风险事件发生后的损失严重程度（Loss Severities）。

在 1986 ~ 2002 年公募债券平均每年的信用违约经济损失约为 116 个基点，而私募债券在计算了违约、债券重组和转售基础上的经济损失约为 31 个基点，即使进行信用质量加权调整之后，私募债券信用违约经济损失也仍然较低，依旧有 46 个基点的优势。平均经济损失率为 31 个基点，意味着每 100 美元的资产，平均每年损失 0.31 美分（0.31%）。

表 4-2　私募债券和公募债券经济损失率估计

| 比较基础 | 经济损失（基点） | | |
| --- | --- | --- | --- |
| | 公募 | 私募 | 差别 |
| 加总（无调整） | 116 | 31 | 85 |
| 公募损失（根据私募债券质量样本分布调整） | 67 | 31 | 36 |
| 私募损失（根据公募债券样本质量分布调整） | 116 | 70 | 46 |

资料来源：Society of Actuaries. 1986-2002 Credit Risk Loss Experience Study：Private Placement Bonds ［EB/OL］. ［2006-04］. http：//www.soa.org/Files/Research/Exp-Study/Report2002-20060418.pdf.

## 二、历史信用风险发生率比较：低评级私募债券要低于公募债券

在信用风险事件发生率（CRE）方面，BBB 级以上相同信用私募债券的信用风险事件发生率要高于公募债券，但 BBB 级以下相同信用私募债券的信用风险事件发生率要低于公募债券。

图 4-6 给出了不同信用评级私募债券和公募债券信用风险事件发生率的比较，在 A 评级以上两者并无较大差别，但在 BBB 评级方面私募债券的违约率明显要高于公募债券，并且在 AAA 级评级方面私募债券的违约率也略高。

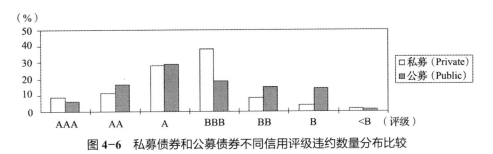

图 4-6　私募债券和公募债券不同信用评级违约数量分布比较

资料来源：Society of Actuaries. 1986-2002 Credit Risk Loss Experience Study：Private Placement Bonds［EB/OL］.［2006-04］. http：//www.soa.org/Files/Research/Exp-Study/Report2002-20060418.pdf.

为何私募债违约率在高信用等级要高于公募，但在较低信用等级却低于私募债券呢？①私募债券投资人会投入更多的资源和精力对高风险发行人进行监督和干预，从而通过较低违约率和损失率的形式获得回报，这也是公募债券和私募债券市场投资者行为根本不同之所在。②在私募债券投资人的内部信用评级中，关注的焦点在于预期损失而非违约率，因而违约发生后的损失程度会影响投资者的内部信用评级[①]，这也可以解释在私募债市场高信用评级债券违约率较高，但经济损失率却大致相同的现象。③私募债券投资人更为重视初次信用评级，且与官方评级机构相比，当发行人信用状况恶化时私募债券投资内部评级在跟踪评级方面要迟缓一些。因此，公募债券一般会处于 B 或 B 以下评级一段时间后违约，而私募债券则会在具有较高信用评级时发生违约，这也可以解释为何 AAA 级私募债券的违约事件发生率要高于公募债券。

大多数年份中私募债风险事件发生率要低于公募债券率，且表现出较强的周期性特征。私募债券信用风险事件具有显著的周期性，大约 80% 的信用风险事件发生在融资后的 8 年之内。图 4-7 给出了私募债券信用风险事件（CRE）发生的周期性情况，从中可以发现：①发行后 1～6 年是 CRE

---

① 穆迪债券信用评级中可能包含了损失程度因素而标普则没有，但两家评级机构都是基于违约率来进行评级的，其评级主要代表了一般无抵押优先债权发行人的信用质量。

的高发期，随后逐步下降；②距离到期日越近（1～4年），CRE越低，而距离到期日越久，CRE越高，距离到期日8～10年为高峰期；③从发行到出现CRE事件间隔上看，3～4年一般是高峰期。

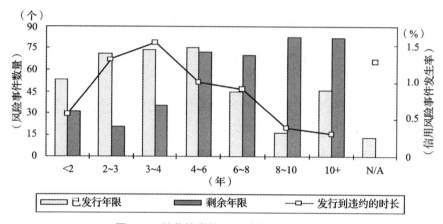

图4-7 私募债券信用风险事件的周期性

资料来源：Society of Actuaries. 1986–2002 Credit Risk Loss Experience Study: Private Placement Bonds［EB/OL］.［2006–04］. http://www.soa.org/Files/Research/Exp–Study/Report2002–20060418.pdf.

### 三、信用风险损失程度：私募债券仅为35%，远低于公募债券的65%

在损失程度方面，得益于其较低的违约损失程度，私募债券在历史信用损失方面的表现较好。与公募债券超过60%的平均违约损失程度相比较，私募债券仅为35%左右。在相当于投资级的私募债券资产中，虽然信用事件发生率较高，但较低的损失严重程度使公募债券和私募债券的历史平均损失大致相似；但对于那些内部评级低于投资级（如B级或更低的风险评级）的债券，无论是信用事件发生率还是损失严重程度，私募债券都要优于公募债券，这导致私募债券平均经济损失方面的表现更好（见表4–3）。

表4-3　公募债券和私募债券经济损失程度比较

| 样本区间 | 公募债券 | 私募债券 | | |
|---|---|---|---|---|
| | | 所有 CRE | 重组情形 | 违约情形 |
| 整个样本<br>（1986～2002 年） | 66% | 35% | 26% | 41% |
| 1991～2002 年 | 67% | 35% | 26% | 40% |
| 根据优先权<br>（1991～2002 年） | — | — | — | — |
| 优先级 | 66% | 32% | 28% | 35% |
| 次级 | 70% | 44% | 35% | 47% |
| 其他 | — | 36% | 18% | 46% |

资料来源：Society of Actuaries. 1986–2002 Credit Risk Loss Experience Study: Private Placement Bonds［EB/OL］.［2006–04］. http://www.soa.org/Files/Research/Exp–Study/Report2002–20060418.pdf.

在债券损失程度影响因素上：①债券的损失严重程度与债券的优先级密切相关，债券优先权越高，损失程度往往越低（见表4-3），优先级私募债相对于次级私募债而言，损失程度要小12个百分点。②无论是优先级私募债券还是次级私募债券，其损失程度均比公募债券低20个百分点左右。③是否存在抵押对私募债券的损失程度并无影响，有抵押和无抵押优先级私募债违约损失程度分别约为30%和37%，在重组情形下两者违约损失程度则为34%和22%。

私募债券信用风险事件损失程度的分布，与公募债券一样有较为广泛的分布特征[①]。图4-8给出了私募债券各损失程度上信用风险事件的分布情况，与公募债券不同的是，私募债券风险损失程度可能出现负值。例如，在美国精算师协会收集的1001个案例中，就有111个信用风险事件的投资人资产回收超过100%，也就是说，信用风险事件发生后投资不但没有亏损，反而

---

① Hamilto J. D., Carty L. V. Debt Recoveries for Corporate Bankruptles［EB/OL］. http://www.defaultrisk.com/pp–recov–32.htm. Moody's Investors Service, June 1999.

有所盈余，尽管盈余一般很少。出现这种情况的原因主要是，信用风险事件后的债务重组处理中，债务数量、息票率和折现率一般会出现调整。在债务重组后，一笔资产的现金流比最初的计划可能要早一些，经过折现后就可能会出现比之前更大净现值的情况。

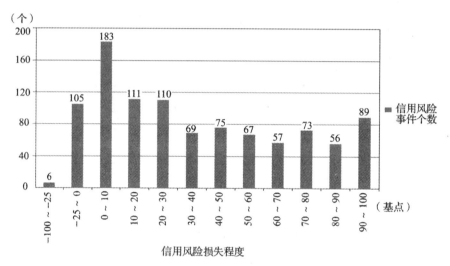

图 4-8　私募债券信用风险事件损失程度分布特征

资料来源：Society of Actuaries. 1986–2002 Credit Risk Loss Experience Study: Private Placement Bonds〔EB/OL〕.〔2006–04〕. http：//www.soa.org/Files/Research/Exp–Study/Report2002–20060418.pdf.

私募债券信用风险事件发生后，采用债务重组和降价处置的比例更高，因而平均损失严重程度也较低。在 1001 个信用风险事件中，最终采取违约的有 688 个，采用债券重组的有 237 个，采用降价处置的有 46 个，其他（未知）有 30 个。其中，在平均损失程度方面，违约为 42%，重组为 26%，降价处置为 23%。

与其他资产类型相比较，资产支持证券和传统私募债有几乎相同的损失率。与传统票据、债券相比较，资产支持证券有更低的信用风险事件发生率，但有较高的损失率，而在资产支持债券中 CBOs、CLOs 和信贷支持票据损失率较高。

## 四、不同类型私募债券违约损失：传统凭证式债务和 ABS

在经济损失率方面，不同类型的私募债有较大的差别，一般而言资产支持类（ABS）私募债的经济损失率最低（仅为 0.2%），传统凭证式债务次之（为 0.26%）。

在资产支持类私募债券融资中，商业和居民抵押贷款支持债券的经济损失率分别为 0.01% 和 0.02%，应收账款支持债券的经济损失率为 0.37%，这三类债券在资产支持类债券（ABS）中的占比约为 70%；而信用联结票据则为 8.82%。

表 4-4　不同资产类型私募债务信用违约情况比较 [①]

| 资产类型 | CRE 数量（个） | 资产暴露比例 | CRE 比例 | | 损失程度 | 经济损失率 |
|---|---|---|---|---|---|---|
| | | | 数量 | 资产 | | |
| 传统凭证式债务 | 247 | 73% | 0.71% | 0.72% | 37% | 0.26% |
| ABS（Asset Backed） | 54 | 19% | 0.54% | 0.41% | 49% | 0.20% |
| Mortgage & Equip Trust | 29 | 4% | 0.89% | 1.10% | 26% | 0.28% |
| 其他 | 77 | 5% | 1.35% | 2.06% | 45% | 0.94% |

资料来源：Society of Actuaries. 1986–2002 Credit Risk Loss Experience Study: Private Placement Bonds［EB/OL］.［2006–04］. http://www.soa.org/Files/Research/Exp-Study/Report2002-20060418.pdf.

在信用风险损失程度方面，ABS 和其他类型的债券有较高的损失程度，分别为 49% 和 45%，主要是由 CBOs 和 CLOs 主导的，一般而言这些发生信用风险事件的 CBOs 和 CLOs 主要是夹心层和股份层集合，这些集合在支持资产所有者权益中所占的份额往往非常低，一旦发生信用风险事件，损失可能会覆盖大部分所有者权益，从而导致较高的风险损失程度。

---

① Asset Backed 类型私募债主要包括 CLOs、CBOs、商业和居民抵押贷款支持债券、信用联结票据（Credit-Linked Note）、应收账款证券化产品（Receivable-backed Securities）和其他资产支持证券产品；"其他"一类中，主要包括银行和类银行长期信贷、项目融资类债券（Project Finance Debt）、信用租赁贷款（Credit-tenant Loans）以及其他非资产支持类证券。

## 第三节　美国传统私募债券风险收益平衡术：解释和启示

美国传统私募债市场是一个低风险、低融资成本的市场。在美国私募债市场中，高信用评级债券占主导（约占 95% 以上），这种高信用资质是与较低的历史违约经济损失率相对应的，传统私募债市场整体较高的信用资质，也使融资人可以以相对较低的信用溢价进行中长期融资，从而有效地解决了中小企业融资难、融资成本较高的难题。与此同时，与公募债券相比，投资私募债券还存在一个 20BP ~ 60BP 的收益率溢价，这种低风险和相对较高的收益就为保险、基金等机构投资者提供了期限较长的投资品种。美国传统私募债市场及其背后的运作机制对我国创新中小企业直接融资方式、培育多层次资本市场具有十分重要的借鉴意义。

### 一、风险和收益如何平衡：一个解释

私募债券投资可以获得额外的价值增值，而且还承担更低的违约风险和违约经济损失率。在给定信用评级的条件下，传统私募债券具有：①更高的收益率溢价；②更低的信用风险损失程度；③相对较低的信用违约率或信用风险事件发生率。

但投资市场没有免费的午餐。这些额外的价值增值并非毫无成本。私募债券较高的收益，主要来自对投资者额外成本的平衡。

（1）要求投资人具有对私募产品信用风险独立进行评估和判断的能力。传统私募债一般较少含有官方认可的外部信用评级机构的评级（无外部评级的债券约占 62%），因而要求投资者自身具有信用风险评估和分析能力。美国传统私募债券投资者主要是保险公司，而这些寿险公司一般都有自己的信

用评级机构和评级人员，可以独立对发行人进行信用评级而不依赖其他市场信用评级机构。

（2）私募债券投资要求投资者投入更多的管理成本。私募债券投资人会投入更多的资源和精力对高风险发行人进行后续监督和干预，特别是当债券违约事件发生时，私募债券一般会有更高的比例进行债务重组，从而通过较低违约率和损失率的形式获得回报，这也是公募债券和私募债券市场投资者行为根本不同之所在。

（3）私募债券也一般具有相对较低的流动性。传统私募债也存在一个相对活跃的二级市场，每年一级市场发行规模 5% ~ 10% 的私募债会在二级市场上交易。

在私募债券投资市场，私募债较同等级公募债的发行溢价，在高等级品种上要高于低等级品种，特别是对于 B 级债券品种而言。这主要是由于低信用等级私募债有相对更低的违约经济损失。

## 二、构建一个高信用资质的中小企业中长期债务融资市场

经过 80 多年的演变和发展，美国传统私募债融资市场成为为中小企业提供融资服务的重要场所。根据巴克莱银行的研究，美国私募债融资规模 2011 年约为 468 亿美元，2012 年约为 540 亿美元，超过了银行业对中小企业的信贷。

而当前我国中小企业一方面缺少融资渠道，存在严重的融资难问题；另一方面融资期限短且有较高的信用风险溢价，难以为中小企业长期发展提供有效资金支持。据统计，截至 2017 年 12 月 31 日，沪深交易所中小企业私募债中，存量私募债 2459 只，未到期私募债规模 24016.85 亿元，1 年期、2 年期、3 年期发债平均利率为 8.13%、8.38%、7.53%[①]，与同期国债利差分别

---

① 本书采用 1 年期、2 年期、3 年期私募债季度平均发行利率（2012 年第 3 季度至 2017 年第 4 季度），数据来源于 Wind。

高达 505 个、572 个、407 个基点[①]。

美国的经验和实践证明：①中小企业私募债市场可以成为以高信用资质为主的债券融资市场，其中投资级债券占比高达 95% 以上；②中小企业私募债市场的较高信用资质是与其较低的信用违约损失相联系的，与公募债市场相比，美国传统私募债市场的信用违约损失反而要低 50 个基点左右；③私募债券市场可以为中小企业提供成本相对较低的融资渠道，美国传统私募债的信用溢价较相同信用等级的公募债券高 20 ~ 60 个基点，同期限的国债信用利差约为 200 个基点；④私募债融资一般融资期限都比较长，平均为 5 ~ 10 年，从而为中小企业提供了一个长期债务融资渠道。

### 三、着力搭建与中小企业私募融资相配套的投资管理体制

当前我国机构投资者面临着严格的投资方向和投资产品范围限制，包括对投资标的的信用评级、产业范围的限制以及是否为上市交易债券等。以我国保险公司为例，对其债券投资的限制就包括三大类：第一类是信息披露方面，要求每年信用评级报告披露频率不得少于 1 次且时间不得晚于 6 月 30 日等；第二类是信用资质方面，包括债项评级不得低于 AA 级、主体评级不得低于 BB 级、净资产不得低于 20 亿元等；第三类是发行方式方面，不得投资于私募发行的债券以及未公开上市的债券等。

而私募债券市场不仅在发行方式方面属于私募发行，而且一般都缺少官方认可的信用评级机构的评级，在信息披露方面私募发行方式也限制了信息披露的公开性，这些都大大限制了私募债券潜在投资者的范围和数量。

美国传统私募债券市场的发展经验表明，保险公司、对冲基金、养老基金等长期负债型机构投资者由于其资产负债结构，需要进行长期高收益资产

---

① 从本质上讲，我国交易所中小企业私募债是一种混合发债方式下的私募债券，应当与美国 144A 债券相对应。但我国没有一个纯粹的私募融资市场，缺乏相关的统计数据。

投资，是私募债券融资方式天然的潜在投资群体。允许这些机构对中小企业私募债券进行投资，不仅可以解决其期限结构不匹配的问题，提高相关机构的投资收益率，而且还可以为中小企业解决融资难的问题，拓宽中小企业的直接融资渠道，创新直接融资方式。

我国可以借鉴美国私募市场的发展经验：第一，放宽对诸如保险、养老基金等机构的投资范围的限制；第二，鼓励成立行业性风险评估机构（美国保险业协会 NAIC 下设立证券估值办公室 SVO，专门对非公开交易、非标准化的私募证券产品进行估值、评级，进而为保险公司风险资本管理提供依据），对非标准化、非公开交易的私募产品进行信用评级和风险评价，为相关机构进入私募市场提供技术上的可行性。

## 四、私募融资需求本质上是个性化和定制化的

私募市场的融资者主要有三类：存在信息问题（Information-problematic Firms）的中小企业、有复杂融资（Complexity Financing）计划的公司和融资规模太小从而在公开市场融资成本过高的公司，这些公司要么难以通过公开市场和银行信贷来融资，要么不愿意通过公开市场融资。

私募融资市场是一个信息密集型市场（Information-intensive Market），一方面，要求私募市场的投资者自身具有信息处理能力，能够独自进行尽职调查并具有持续的风险处理能力；另一方面，使私募债券合约更加个性化和定制化，通过融资者和发行者的谈判来制定满足双方投融资需求的私募合约。

一般而言，私募通过契约条款：①对融资者行为进行了更加富有约束性的限制；②私募合同在监督融资人的同时，给予融资者更加具体的限定；③私募合同在债权人之间的内部索赔冲突控制方面有更好的安排；④私募合同支付期限一般根据投资者需求而定，通常会避免使用嵌入式的利率期权。

私募债券合约之所以能够个性化和定制化，主要是因为私募债券市场的投资人相对较少，所以私募市场合约的监督、约束和重新谈判的成本要低很多；因而私募市场倾向于制定更加具体的且经常会需要重新谈判的条款，而公募市场的条款只有在特定情况下才可能会违反。

### 五、培育具有独立信用评估和持续风险处置能力的机构投资者

私募债券融资的一个重要特点就是信息不透明。在公募债券市场中，主要由信用评级机构进行信息揭示，同时监管机构强制性的持续信息披露要求，也大大提高了交易和产品的透明度。

# 第四节　小结

美国公司债券市场主要可以分为三个层次：公募债券市场、144A 债券市场和传统私募债券市场。本书首先对美国传统私募债券市场的现状进行深入剖析，进而从信用评级和历史违约情况两个角度来阐释中小企业私募融资市场既非垃圾债也无高成本，并就其对我国发展多层次资本市场、拓展中小企业直接融资渠道、发展投资机构内部信用评级等的借鉴意义进行了探讨。

美国传统私募债券市场是解决中小企业中长期融资需求的重要渠道。实践证明，以中小企业融资为主的传统私募债券市场既非一个垃圾债市场，也无较高的融资成本。这一市场的形成和构建，需要市场信用风险定价方法和工具的成熟、投融资管理体制的创新、机构投资者内部非标准产品信用分析和风险处置能力的培育以及金融监管相关法规的明晰化。

从市场现状来看，美国传统私募债市场具有以下特征：①年发行规模约为 400 亿美元，平均每笔发行规模约为 2 亿美元；②发行期限以 5 ~ 10 年

为主，国际融资者超过 50%；③私募发行以无抵押为主，产品形式多样化，涵盖债券、ABS、MBS 等；④投资者主要以保险、养老基金等长期资金持有者为主；⑤发行一般仅需 3 个月左右；⑥二级市场上交易相对活跃，一般为 T+3 交易。

从信用评级来看，美国传统私募债市场具有以下特征：①是一个投资级债券占据主导地位的高信用等级债券市场（BBB 级或相当于 BBB 以上信用等级的债券约占 95%）；②行业协会评级（NAIC）和投资者内部评级占据重要地位；③与相同等级的公募债券相比，传统私募债存在一个20BP ～ 60BP 溢价，这种溢价主要是对投资者信用评估和持续监督成本的补偿。

从历史信用违约来看，美国传统私募债市场具有以下特征：①公募债券平均每年的信用违约经济损失约为 116 个基点，而私募债券在进行信用质量加权调整之后，信用违约经济损失也低于公募债券。②私募债券投资人一般会投入更多的资源和精力对高风险发行人进行持续的监督和干预，并通过较低违约率和损失率的形式获得回报，这也是公募债券和私募债券市场投资者行为根本不同之所在。③私募债券信用风险事件发生后，采用债务重组和降价处置的比例更高，因而平均损失严重程度也较低。④不同类型的私募债在经济损失率方面有较大的差别，一般而言，资产支持类（ABS）私募债的经济损失率最低，传统凭证式债务次之。⑤与其他资产类型相比，资产支持证券和传统私募债有几乎相同的损失率。

从投资者角度来看，美国传统私募债市场具有以下特征：①具有更低的历史信用违约损失率（与公募债券市场相比较）；②具有高于同等评级公募债券 20 ～ 60 个基点的高收益；③可以通过投资期限较长的私募债来与其负债结构相匹配；④较高的投资者集中度（传统私募债市场大约活跃着 50 个机构投资者）可以发挥其信用评估和持续风险处置能力的规模经济优势。

从融资者角度来看，美国传统私募债市场具有以下特征：①可以发行非标准化、定制化债券来满足其中长期资金需求，私募市场融资者主要是存在信息问题（Information–Problematic Firms）的中小企业、有复杂融资（Complexity Financing）计划的公司，它们难以通过公开市场和银行信贷来融资；②融资成本相对较低，与同等信用评级公募债券相比仅有一个20BP ~ 60BP 的收益率溢价，有效解决了中小企业融资成本高的问题；③无须向 SEC 注册和满足信息披露要求，有效降低了发行成本。

美国私募债市场的发展经验，对我国创新中小企业直接融资方式、培育多层次资本市场，解决中小企业融资难、融资成本高的问题，完善保险、养老基金资产负债结构匹配等都具有重要的启示意义：①可以构建一个信用资质高、融资成本低的中小企业中长期债务融资市场；②着力搭建与中小企业私募融资相配套的投资管理体制；③私募融资方式本质上是个性化和定制化的；④培育具有独立信用评估和持续风险处置能力的机构投资者。

# 第五章
# 私募债市场的流动性及溢价

## 第一节 债券市场流动性：如何衡量

根据资产定价理论，一种资产对违约、流动性等风险因子越敏感，持有这些资产的投资者就应当获得越高的回报率。相较于股票和其他证券市场，债券市场有相对较弱的流动性。即使是像美国这样有最为发达的债券发行和交易体系的国家，债券市场的流动性仍然是一个较大的问题，对 State Street Corporation 持有的注册债券样本的研究表明，将近 40% 的债券在一年中从未被交易过[①]。

债市流动性无论是对投资者还是对发行者都有十分重要的意义。对于发行者而言，弄清债市流动性及其他因子对债券价格的影响至关重要，以此为基础发行人可以选择在哪个市场发行什么债券。

Amihud 等（2005）[②]认为，债券的流动性主要从外部性交易成本、需求和询价风险、对手方匹配风险三个维度来衡量。其中外部性交易成本主要是指投资者在买入债券时付出的交易成本，以及预期在未来出售债券时将要付

---

① Amihud Y., Mendelson H., Pedersen L. H. Liquidity and Asset Prices [J]. Foundations and Trends in Finance, 2005（4）：269-364.

② Manhanti S., Nashikkar A., Sabrahmangam M., Chacko G., Mallik G. Latent Liquidity：A New Measure of Liquidity, with an Application to Corporate Bonds [J]. Journal of Financial Economics, 2008（88）：272-298.

出的交易成本；而需求压力和询价风险主要是指债券买卖双方并不总是能够很好地匹配，因而需要做市商来持有债券，此时做市商就要求一个额外的溢价以应对债券价格变化产生的风险；对手方匹配风险指难以即时找到合适的交易对手而不能实现债券转让。

表 5-1　债券流动性代理变量

| 流动性代理指标 | 与流动性关系 | 参考文献 |
| --- | --- | --- |
| 买卖价差（Ask-bid Spread） | 负相关 | Longstaff、Mithal 和 Neis（2005） |
| 债券存量（Amount Outstanding） | 正相关 |  |
| 债龄（Age of Bond） | 负相关 |  |
| 剩余期限（Time to Maturity）① | 负相关 |  |
| 是否金融机构债 | 正相关 | Houweling、Mentick 和 Vorst（2005） |
| 是否高评级债券 | 正相关 |  |
| 发行人或其母公司是不是公众公司 | 负相关 |  |
| 交易价格缺失多少（Missing Price） | 负相关 |  |
| 做市商的数量（Number of Contributor） | 正相关 |  |
| 收益波动性（Yield Volatility） | 负相关 |  |
| 发行数量（Issue Amount）② | 正相关 |  |
| 价格变化的自协方差（Autocovariance in Relative Price Changes）③ | 负相关 | Bao、Pan 和 Wang（2011）；Craig（2012） |
| 债券的优先级（Senior or Subordinate） | 正相关 |  |

资料来源：笔者根据相关资料整理。

---

① 根据 Amihud 和 Mendelson（1991）的买入并持有投资组合理论，债券久期越短越难以被锁定在投资组合中，因而较长久期的债券有更高的流动性。

② Amihud Fisher（1959）认为，债券发行规模越大，交易就可能越频繁，因此发行量可以作为流动性的一个代理变量；Amihud 和 Mendelson（1991）认为，较小发行量一般导致该债券进入投资者的买入持有策略组合，进而导致更小的交易量和更低的流动性。

③ 该代理变量的计算至少要求该债券在 75% 的交易日中有交易数据，并至少有 10 个价格变化观察数据。

# 第二节　美国私募债市场流动性：
# 以 144A 市场为例

## 一、私募债流动性：制度性基础

### 1. 注册权条款

根据 Fen 等（2000）的研究，在 1993 ～ 1998 年有 97% 的高收益债券最终选择在 SEC（美国证券会）进行注册，并且事后注册往往发生在债券发行后 90 ～ 210 天。Livingston 和 Zhou（2002）[①] 研究认为，98% 的高收益债券都包含了注册选择权条款，但仅有 40% 的投资级 144A 私募债包含注册选择权条款。

注册选择权条款协议执行后，144A 债券就会被一份具有相同发行数量、期限、息票率和到期日的公开市场注册债券所替代，这种转换被称为 A/B 转变（A/B Exchange）或 Exxon 资本转换（Exxon Capital Exchange）。

实证分析也表明，注册选择权条款的存在一方面使投资者对私募债要求一个相对较低的风险溢价，另一方面也使投资者预期私募债在 SEC 注册以后会有更高的流动性，毕竟在 SEC 注册后发行人的财务信息会更加公开透明。

### 2. 投资者持有期限条款

2008 年之前在 144A 规则下的私募债转售，合格投资者（QIBs）需要至少持有 1 ～ 2 年之后才可以进行公开转售，禁售期的长短取决于债券发行人是否为公众公司，即是否定期向美国证券会（SEC）提交公开财务报表。如果是公众公司，则禁售期至少为 1 年，否则禁售期至少为 2 年。

2007 年，为了增加私募债的流动性并减少发行人的融资成本，美国证

---

① Livingston M., Zhou L. The Impact of Rule 144A Debt Offerings Upon Bonds Yields and Underwriter Fees［J］. Financial Management，2002（31）: 5–27.

监会[1] 取消了持有期条款，用公共信息发布和交易量限制来对私募债转售进行限制。新规则减少了持有期，规定公众公司发行的私募债转售禁售期减少为半年，非公众公司发行的私募债转售禁售期减少为 1 年；同时对于非发行人附属机构的合格投资者，转售的数量限制也被取消。如此一来，在 2008年之后，非发行人附属机构的合格投资者在 6 个月的禁售期后可以公开出售任意数量的私募债，唯一的限制在于发行人需提供充分即时的公开信息。

## 二、私募债市场流动性：统计与分析

由于私募债市场既缺乏完善的持有者信息披露，也缺乏持续的交易记录，因此难以使用传统方法来衡量私募债市场的流动性。有鉴于此，Craig（2012）用 144A 私募债与最为类似的注册债券之间的收益率溢价之差作为私募债流动性的代理变量，其中最为类似的注册债券是指与 144A 私募债相比在以下 7 个维度上具有较高的相似度：收益率溢价、发行数量、债券评级、行业、发行人是否有股票交易、是否为优先级债券、发行年份。一旦获得了与某只 144A 债券特征最为接近的公募债券，就将两者收益率之差作为流动性溢价的代理变量进行处理。

此外，由于相当高比例的 144A 债券发行中都包含了注册权条款（平均发行 6 个月以后在美国证券会进行注册），债券注册登记之后，就可以在二级市场上自由交易，因而可获得注册登记后的 144A 债券价格及收益率。既然注册前和注册后的债券都是同一公司发行，那么两者的收益率差异主要在于流动性溢价。

用 144A 私募债和与其相匹配的注册债券的收益率溢价的差异作为144A 私募债券流动性的代理变量，Craig（2012）对 2003 ～ 2011 年美国私募债券市场的流动性及其分项指标给出了统计分析，特别是对 2008 年 144A规则修正对私募债券流动性带来的影响进行了分析。

---

[1] Securities and Exchange Commission. Revisions to Rules 144 and 145（2007）.

144A 私募债市场在总体上有 87BP 的流动性溢价，但 2008 年关于 QIB 持有期的修正对 144A 市场的流动性溢价产生了显著而重大的影响。表 5-2 给出了相关的统计结果，从中可以发现，在规则修改之前流动性溢价平均为 -79 基点，而修改之后则跃升至 139 个基点。

表 5-2　美国 144A 私募债券市场流动性及统计特征分析

| 变量 | 全样本 | 144A 市场 | 注册债券 | 144A 市场 | |
| --- | --- | --- | --- | --- | --- |
| | | | | 规则修正前 | 规则修正后 |
| 流动性[①] | — | 0.0087 | — | −0.0079 | 0.0139 |
| 利差[②] | 0.0214 | 0.0358 | 0.0152 | 0.0275 | 0.0497 |
| YTM | 0.0575 | 0.0719 | 0.0514 | 0.0691 | 0.0765 |
| 发行期限 | 9.3121 | 8.4024 | 9.6967 | 8.3433 | 8.5013 |
| 发行量（亿） | 2.42e+08 | 3.86 e+08 | 1.81 e+08 | 2.79 e+08 | 5.66 e+08 |
| 息票率 | 0.0569 | 0.0704 | 0.0512 | 0.0684 | 0.0736 |
| 穆迪评级[③] | 7.0944 | 10.6739 | 5.7544 | 10.3059 | 11.2314 |
| 标普评级 | 7.1062 | 10.6921 | 5.7356 | 10.4009 | 11.1761 |
| 评级差 | −0.2001 | −0.2880 | −0.1629 | −0.5956 | 0.2260 |
| 投资级占比 | 0.7752 | 0.4647 | 0.9056 | 0.4794 | 0.4401 |
| 美国发行人[④] | 0.8768 | 0.7261 | 0.9405 | 0.7867 | 0.6248 |
| 优先级 | 0.8335 | 0.6857 | 0.8961 | 0.5800 | 0.8624 |
| 普通级 | 0.0803 | 0.0942 | 0.0744 | 0.1226 | 0.0467 |
| 金融类债券[⑤] | 0.6409 | 0.3624 | 0.7587 | 0.4227 | 0.2616 |
| 高评级[⑥] | 0.3076 | 0.1810 | 0.3612 | 0.2255 | 0.1066 |
| 股票发行[⑦] | 0.6013 | 0.3757 | 0.6966 | 0.3839 | 0.3620 |

资料来源：Craig（2012）。

①　流动性 =144A 规则私募债收益率溢价 - 与其相匹配（在评级、期限、发行金额等维度）的注册债券收益率溢价。

②　利差 =144A 私募债收益率 - 相同期限国库券收益率。

③　将穆迪评级和标普评级的 Aaa 和 AAA 评级在统计上标记为 1，并随着评级的下降而逐步增加，没有评级则标记为 23。因而其均值越大，意味着平均信用等级越低，违约风险越大。

④　美国发行人，设定如果发行人为美国国内公司则统计上记为 1，否则记为 0。

⑤　金融类债券，即金融公司作为债券发行人在统计上记为 1，否则记为 0。

⑥　高评级，当穆迪评级大于 Aaa 或标普评级高于 AA- 时，统计上记为 1，否则记为 0。

⑦　股票发行，即债券发行人同时有公开股票发行（Equity Listed）的，在统计上记为 1，否则记为 0。

与此同时，144A 债券平均利差要高于注册债券 206BP，两者相对于同期国债的平均利差分别为 358BP 和 152BP，而 144A 债券评级流动性溢价仅为 87BP，也远远低于 358BP，这可能是由于市场对 144A 债券给予了额外的信用违约溢价。通过比较 144A 市场和注册债券市场各种评级指标也可以发现这一点。首先从平均信用等级来看，144A 市场的平均信用评级要远远低于注册债券市场，这种情况在 2008 年 144A 规则修正之后随着 144A 市场平均信用评级下移而恶化。其次从投资级债券指标来看，144A 市场投资级统计值仅为 0.4647，不仅低于全样本的 0.7752，更是远低于注册债券市场的 0.9056；而在 2008 年 144A 规则修正之后，这一指标更是出现了较大的下降。最后从高评级债券指标来看，高评级债券在 144A 市场指标仅为 0.1810，也远远低于全样本和注册债券市场的 0.3076 和 0.3612；尤其值得注意的是，144A 市场高评级债券指标在 2008 年 144A 规则修正之后从 0.2255 快速下降至 0.1066；这说明，在 2008 年之后，更多的低评级或无评级债券在 144A 市场得以发行。

美国 144A 私募债市场的流动性溢价在起初几年里呈现下降趋势，但在 2008 年 144A 规则修正后出现了较大幅度的上升。金融危机之后，私募债券流动性溢价平均从 2008 年的 201BP 下降至 2011 年的 118BP。

表 5-3　美国 144A 市场流动性及统计特征的时间序列分析

| 变量 | 2003 年 | 2004 年 | 2005 年 | 2006 年 | 2007 年 | 2008 年 | 2009 年 | 2010 年 | 2011 年 |
|---|---|---|---|---|---|---|---|---|---|
| 流动性 | | | | | | | | | |
| 144A | −0.0035 | −0.0105 | −0.0048 | −0.0106 | −0.0103 | 0.0201 | 0.0158 | 0.0116 | 0.0118 |
| 利差 | | | | | | | | | |
| 全样本 | 0.0153 | 0.0120 | 0.0113 | 0.0127 | 0.0145 | 0.0312 | 0.0433 | 0.0394 | 0.0360 |
| 144A | 0.0322 | 0.0291 | 0.0274 | 0.0234 | 0.0236 | 0.0572 | 0.0536 | 0.0491 | 0.0442 |
| 注册券 | 0.0089 | 0.0057 | 0.0062 | 0.0081 | 0.0102 | 0.0251 | 0.0369 | 0.0324 | 0.0319 |

续表

| 变量 | 2003 年 | 2004 年 | 2005 年 | 2006 年 | 2007 年 | 2008 年 | 2009 年 | 2010 年 | 2011 年 |
|---|---|---|---|---|---|---|---|---|---|
| 到期收益率（YTM） | | | | | | | | | |
| 全样本 | 0.506 | 0.0515 | 0.0531 | 0.0611 | 0.0610 | 0.0629 | 0.0694 | 0.0630 | 0.0566 |
| 144A | 0.0666 | 0.0671 | 0.0692 | 0.0716 | 0.0711 | 0.0906 | 0.0822 | 0.0746 | 0.0686 |
| 注册券 | 0.0445 | 0.0457 | 0.0481 | 0.0565 | 0.0564 | 0.0563 | 0.0616 | 0.0548 | 0.0508 |
| 发行期限 | | | | | | | | | |
| 全样本 | 9.45 | 9.89 | 9.76 | 10.1 | 9.71 | 8.69 | 8.13 | 8.28 | 8.49 |
| 144A | 8.72 | 8.73 | 9.06 | 7.90 | 7.31 | 8.64 | 8.68 | 8.35 | 8.48 |
| 注册券 | 9.73 | 10.32 | 9.98 | 11.0 | 10.82 | 8.70 | 7.80 | 8.20 | 8.50 |
| 息票率 | | | | | | | | | |
| 全样本 | 5.04 | 5.11 | 5.29 | 6.09 | 6.07 | 6.08 | 6.69 | 6.22 | 5.63 |
| 144A | 6.64 | 6.59 | 6.83 | 7.14 | 7.02 | 8.05 | 7.78 | 7.31 | 6.81 |
| 注册券 | 4.44 | 4.57 | 4.80 | 5.64 | 5.63 | 5.61 | 6.02 | 5.43 | 5.05 |

资料来源：Craig（2012）。

## 三、私募债券流动性：影响因素

通过对美国私募债市场 6465 只私募债以及 15289 只公募债券进行统计分析，Craig（2012）发现，债券发行期限、发行量和发行人是否有股票发行这三个变量对私募债券流动性溢价的影响均在 1% 的水平上显著，其中债券发行期限每增加一年将为流动性溢价平均带来 4 个基点的下降，而如果债券发行人有股票发行则为私募债流动性溢价带来 115 个基点的上升，而债券发行量越大，私募债券流动性溢价会越小；而优先级和普通级虚拟变量也在 1% 的水平上统计显著，优先级私募债券将使私募债券流动性溢价上升 244 个基点，而普通级私募债将为私募债流动性溢价带来平均 32 个基点的下降，这可能是由于优先级债券的购买者更加倾向于买入并持有，因而要求较高的流动性溢价。

而 2008 年 144A 规则修正之前，144A 私募债券市场的流动性溢价明显较低。修正之前比修正之后流动性溢价平均要低 187～250 个基点，但修正之后相关年份虚拟变量参数并不显著，意味着流动性溢价并没有发生显著的变化。

表 5-4　144A 私募债流动性影响因素分析 [①]

| 变量 | 流动性溢价<br>（OLS） | 流动性溢价<br>（FE） | 流动性溢价<br>（OLS） |
|---|---|---|---|
| 发行期限 | −0.000423*** | −0.000274*** | −0.000355*** |
| 息票率 | 0.420*** | 0.366*** | 0.560*** |
| 发行数量 | −2.05e−11*** | −2.36e−11*** | −2.07e−11*** |
| 优先级 | 0.0244*** | 0.0270*** | 0.0288*** |
| 普通级 | −0.00322*** | −0.00113*** | −0.00283*** |
| 美国发行人 | 0.000378*** | — | — |
| 有股票发行 | 0.0115*** | 0.0188*** | 0.0159*** |

注：*** 表明在 1% 水平上显著。

资料来源：Craig（2012）。

# 第三节　私募债券流动性：流动性很重要吗

## 一、私募债：流动性并非最重要

我国私募债券不能上竞价系统，但可以通过上交所固定收益平台或深交所综合协议平台转让，单笔成交在 50 万元以上。上交所的私募债通过固定

---

① 第一列是将 144A 私募债流动性溢价作为因变量，运用 OLS 方法进行分析；第三列在样本选择上与第一列有所不同，仅为那些只发行过一期私募债的样本。

收益平台转让，深交所的私募债既可以通过综合协议平台转让，也均可以通过证券公司转让，但通过证券公司转让的，达成后须向交易所申报并经确认后才能生效，中证登记只根据交易所发送的转让信息进行清算交收。转让并不限于在发行时的首批投资者内部进行，但转让后持有人不能超过 200 人。在转让过程中，交易所将对转让后持有人是否低于 200 人进行把关，以保证债券的私募性质。

需要注意的是，在发行人未履行约定义务等情形下，交易所可能暂停或终止转让服务，这将导致潜在的流动性风险。《上海交易所中小企业私募债券业务试点办法》规定，发行人及其董事、监事和高级管理人员违反管理办法、募集说明书约定、交易所其他相关规定或者所作出的承诺的，交易所可以采取约谈、通报批评、公开谴责、暂停或终止为其债券提供转让服务等措施。深交所指南中还专门有一部分关于暂停、恢复及中止提供转让服务的内容，提到发行人有重大违法行为或未按照募集要求履行义务的，将暂停转让服务，后果严重或发行人解散、破产的将终止提供转让服务。这些发行人的过失或过错都可能给债券持有人带来潜在的流动性风险①。

## 二、私募债二级市场流动性：现状

私募债具有一定的流动性，但不同券种的流动性并不相同。从第一笔中小企业私募债转让开始到 2017 年 12 月 31 日，沪深两市私募债成交仅为 9013.78 亿元，与两市累计发行 26410.52 亿元相比，仅有约 1/3 的私募债有交易。大多数私募债券成交都较为稀少，如果发生重大的信用事件，流动性的缺乏将不利于中小企业债持有者止损。从私募债券二级市场年度成交额来看，2012 ~ 2015 年平均成交额为 217.87 亿元②；成交量自 2016 年以来逐步走高，当年成交 2325.95 亿元；2017 年达 5816.34 亿元。

---

① 参见中金公司 2012 年 5 月 25 日中国信用策略双周报。
② 数据来源于 Wind。

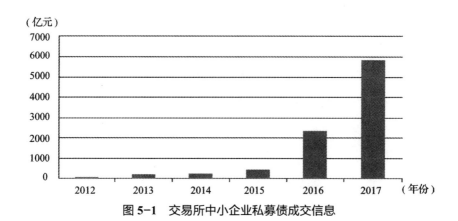

图 5-1 交易所中小企业私募债成交信息

# 第六章 私募结构化债券兴衰：回顾和启示

## 第一节 私募结构化债券：担保债务凭证（CDOs）

2007 年，以次级债务为基础的担保债务凭证（Collateralized Debt Obligations，CDOs）给投行带来的直接损失超过 2000 亿美元，而金融危机以后，2007 ~ 2011 年在衍生品市场对手方信用风险导致的损失涉及 350 家银行超过 6000 亿美元资产[①]，并导致如雷曼（Lehman Brothers）、房地美（Freddie Mac）和房利美（Fannie Mae）等公司的破产和改组。

### 一、证券化和结构化

担保债务凭证背后，是将一系列固定收益证券打包并将现金流进行分层。结构化债券一般涉及两个过程，即结构化（Structured）和证券化（Securitization）。

结构化一般是指将各种不同风险类型的产品（如抵押贷款等）集合并分割处理成不同层次（Tranches）的金融产品创新过程。例如，较为典型的是以居民抵押支持证券（Residential Mortgage–Backed Securities，RMBS）为基础进行结

---

① ISDA. Counterparty Credit Risk Management in the US Over–the–Counter（OTC）Derivatives Market［EB/OL］.［2011–09–02］. http://www.isda.org/a/feiDE/Counterparty–credit–risk–ii–monoLines.pdf.

构化：一般是政府支持的企业［如房地美（Freddie Mac）、房利美（Fannie Mae）和联邦抵押协会（Ginnie Mae）］作为发行人从抵押贷款发放人那里获得抵押贷款所有权，然后将这些抵押贷款打包并证券化，最后卖给投资者。在这个过程中，如果打包后的资产没有进行分层切割而是直接形成最终产品，则被称为直接 MBS（Pass through MBS）。通过将原本流动性较差的资产转换为可交易资产，证券化提供了一个将信贷资产转售并增强房地产市场流动性的有效途径。

证券化则是结构化过程中更具有创新性的一个步骤。结构化债券发行人将资产包切割成具有不同风险特征的数层（一般至少是三层）。优先层资产，一般拥有 AAA 的信用评级，从而获得最低的收益；接下来是夹心层（Mezzanince Level），一般拥有 A– 至 BBB 的信用评级；剩余的是股份层（Equity Tranche），又称有毒层（Toxic Waste），一般没有信用评级。打包资产产生的现金流首先支付优先级，然后是夹心层，以此类推 [①]。

## 二、担保债务凭证的分层结构

在这种结构化产品中，如果发生违约，有毒层将吸收大部分资产损失。表 6-1 给出了在不同情况下较低层次产品吸收损失的比例情况 [②]。

表 6-1　在较高层级受违约影响下较低层级吸收损失的比例

| 层级 | 附属协议风险点 | 损失吸收点 |
| --- | --- | --- |
| 优先层 | 0 | 5% |
| 夹心层 | 5% | 15% |
| 股份层（有毒层） | 15% | 100% |

资料来源：笔者根据相关资料整理。

---

[①] 根据 Katherine 和 Hart（2009）对 1999~2007 年 735 个 ABS CDOs 结构的研究，CDOs 产品平均有 7.4 个层级，三个 AAA 级层产品（其中 2 个是优先级）、一个 A 级层产品、一个 BBB 评级层产品和一个无评级层产品；每只 CDOs 产品的交易规模为 8.29 亿美元，平均每个产品层级的交易规模约为 1.09 亿美元。

[②] Yaw Owusu-Ansah. What Went Wrong? Examining Moody's Rated CDO Data［J］. SSRN Electronic Journal，November，2012.

在较高层级产品受到影响前，较低层级产品吸收损失的比例如下：股份层级首先吸收资产名义价值5%的损失，在优先层和夹心层的利息和本金支付受到影响之前。也就是说，在5%的违约损失之下时，仅有股份层投资者受到影响。仅当基础资产违约损失高达15%以上时，优先层投资者才会受到影响。

表6-2给出了CDOs产品现金流的支付结构（以2亿美元CDOs为例），现金支付额等于利息乘以本金额，股份层（有毒层）获得最高的利息率，这是因为一旦违约发生其最先受到影响，所以其风险溢价也高于其他层级。

表6-2 CDOs产品现金流的支付结构

| 层级 | 名义值 | 利率 |
| --- | --- | --- |
| 优先层 | 1.2亿美元 | Libor+70BP |
| 夹心层 | 0.7亿美元 | Libor+200BP |
| 股份层（有毒层） | 0.1亿美元 | Libor+700BP |

注：结构化债券一般都是非标准化的，一些是对信用风险进行结构化，还有一些是对支付风险进行结构化。特别是在分层处理中，有一些分层具有更加精妙的特征，如仅付本金或仅付利息的分层。

资料来源：笔者根据相关资料整理。

## 三、担保债务凭证的基础资产

CDOs的基础资产池包括RMBS、CMBS（商业抵押贷款支持证券）、ABS（资产支持证券，如信贷、信用卡贷款、学生贷款、设备贷款等）。结构化证券的发行人卖出优先层给投资者，将夹心层和股份层回收并作为其他CDOs的基础资产。由图6-1可以看出：第一，房地产抵押贷款证券化产品（RMBS）在CDOs的基础资产池中占据着越来越重要的地位，2006年占比超过80%，其中次级房地产抵押贷款（Subprime RMBS）的占比更是节节攀升；第二，以其他CDOs层级产品为基础资产的比例也在不断提高，在金融危机前达到或接近10%。

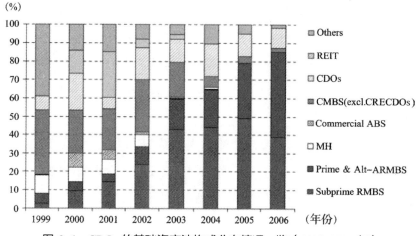

**图 6-1  CDOs 的基础资产池构成分布情况一览（1999~2006 年）**

资料来源： Jian Hu. Assessing the Credit Risk of CDOs Backed by Structured Finance Securities: Rating Analysts' Challengers and Solutions[J]. The Journal of Structured Finance，2007，13（3）: 43–59.

通过将各种风险，特别是一些高度不相关的风险集合在一起，并使用增信手段，如信用违约互换 CDS（Credit Default Swap）或债务保险来进行增信，这样一来 CDOs 产品一般被认为是风险很低的产品。作为最为复杂的结构化债券产品，CDOs 仅通过私募形式来发行。

# 第二节　产品创新下的繁荣：所有人获益

CDOs 使所有的市场参与者都从中获得收益，因而在 2004 年市场开始出现爆发式的增长。

## 一、投资银行：创新的盛宴

CDOs 产品的承销商一般是投资银行，同时投资银行也是产品的设计者和组织者；与资产管理公司（选择 CDOs 产品背后的资产组合）相比，投资银行承销结构化债务融资工具和 CDOs 产品的股份层。一只产品的承销主要包括以下几个步骤：

第一，CDOs 产品设计是投资银行至为重要的角色。投资银行需要决定各层级比重关系、设计各个产品层级的规模大小、建立风险覆盖和质押产品质量测试，并与信用评级机构一起对各个层级产品进行信用级别评定。对于发行承销商而言，最为关键的经济因素是要考虑能否给予股份层 CDOs 产品持有者一个合理回报率：一方面要对产品进行信用违约调整后的回报率予以估算，另一方面要对该类产品的融资成本进行比较。这种回报率必须十分巨大，否则难以吸引投资者持有这些股份层产品。

第二，设立特别机构（为了避税考虑一般是在开曼群岛设立公司）以购买发行 CDOs 所需要的基础资产并进行各个层级产品的发行，此外，投资银行作为承销人还要与资产管理人一起来确定交易完成后的限制性条款和其他法律文件。

第三，对各个层级 CDOs 产品进行定价并发行给各个投资者。其中最为重要的是为股份层和夹心层产品寻找投资者，一般股份层和夹心层级产品都由资产管理人持有[1]。同时，投资银行一般也会作为做市商为一些优先层级 CDOs 产品提供流动性。

表6-3　CDOs 市场十大承销商　　　　　　　单位：只

| 承销商 | 2002 年 | 2003 年 | 2004 年 | 2005 年 | 2006 年 | 2007 年 | 总计 |
|---|---|---|---|---|---|---|---|
| 美银美林 | 0 | 3 | 20 | 22 | 33 | 18 | 107 |
| 花旗集团 | 3 | 7 | 13 | 14 | 27 | 14 | 80 |
| 苏黎世信贷 | 10 | 7 | 8 | 9 | 14 | 16 | 64 |
| 高盛 | 3 | 2 | 6 | 17 | 24 | 7 | 62 |

---

[1] 在初期，股份层和夹心层 CDOs 产品均由投资银行自己来持有，以降低产品的道德风险并给予投资者更多信心。但由于监管机构对持有股份层级产品的风险资本准备提出较高的要求（一般是 100%），投资银行持有该类资产的比重就会快速下降。

续表

| 承销商 | 2002 年 | 2003 年 | 2004 年 | 2005 年 | 2006 年 | 2007 年 | 总计 |
|---|---|---|---|---|---|---|---|
| 贝尔斯登 | 5 | 2 | 5 | 13 | 11 | 15 | 60 |
| Wachovia | 5 | 6 | 9 | 16 | 11 | 5 | 52 |
| 法兰克福银行 | 6 | 3 | 7 | 10 | 16 | 5 | 50 |
| 瑞银集团 | 5 | 2 | 5 | 10 | 16 | 6 | 46 |
| 雷曼兄弟 | 3 | 4 | 3 | 6 | 5 | 6 | 35 |
| 美国银行 | 2 | 2 | 4 | 9 | 10 | 2 | 32 |
| 总计 | 47 | 44 | 101 | 153 | 217 | 135 | 697 |

资料来源：标准普尔 CDOs 数据库（S&P's CDO Interface）。

证券化将银行从资产负债表约束中解脱出来，银行可以将信贷资产打包、分层后卖给外部投资者或者移至资产平衡表外，从而规避了巴塞尔协议的监管并产生了进行新增信贷的现金流。在这个过程中，投资银行还获得了大量发行承销费用，由于投资 CDOs 产品更为复杂，承销商获得比传统公司债券更高的承销费用。

## 二、评级机构：前所未有的利润

评级机构从结构化产品信用评级中获得了前所未有的利润。根据美国公共广播公司（PBS）的报告，2000 年以来结构化金融产品评级约占信用评级行业总收入的40%，以穆迪公司为例，其股价增长率为 6 倍，收入增长率为900%。在结构化产品信用评级市场中，标普和穆迪几乎为所有的CDOs 进行了评级，而惠誉（FITCH）仅仅占据了 10% 的市场[①]。

但是伴随着 CDOs 市场的快速发展，一方面，关于结构化产品信用评级技术、数据和模型的构建并不成熟和完善，特别是由于缺乏 CDOs 产品历史违约数据，更多的时候评级机构使用一般公司债券违约概率模型来估计结构

---

① Barnett-Hart, Anna Katherine. The Story of the CDO Market Meltdown: An Empirical Analysis[D]. Harvard College：BA Dissertation，2009.

化债券产品；另一方面，旺盛的市场需求使评级机构放松了评级过程中的监督和审查。

以 RMBS 的资产池为例[1]，特殊目的机构发行的 RMBS（住房抵押贷款支持债券）有不同的等级。评级机构把贷款种类和 FICO 得分等信息输入住宅贷款评价模型，计算"预测违约率"，按其优先劣后的顺序分为优先层、夹心层、股份层。优先层获得的评级是 AAA，以下就是夹心层，而信用风险非常高的"劣后"部分就是股份层。这样一来，次级贷款就被证券化为拥有各种等级的次级 RMBS。投资者可以选择购买同一 RMBS 的不同等级，从而获得不同回报并承担不同风险。次贷的证券化过程并未止于 RMBS。以夹心层 RMBS 为基础进行新一轮证券化，组合成 CDOs。而 CDOs 的评级就是模仿次级 RMBS 的评级做法，认为资产之间具有相同的相关性，把累计违约率、评级机构设定的预期违约率、债权回收率等输入统计模型，计算出 CDOs 的预期违约率，再划分为优先层、夹心层、股份层。这样一来，虽然原资产是 BBB 级的次级 RMBS，但将其进一步证券化后，会获得比原资产（BBB 级的次级 RMBS）评级高的 CDOs 并进行发行，卖给投资者。

## 三、机构投资者：新的投资机会

在 20 世纪初的低利率环境下，机构投资者有非常强的动机来寻找高回报产品，但一般又受制于投资品种的限制（如限于 BBB– 以上品种）。

CDOs 的投资者包括保险公司、互惠基金公司、单位信托、投资信托、商业银行、投资银行、养老基金经理、私人银行机构，其他债务抵押证券及结构性投资机构。

不同层级 CDOs 产品的投资者具有不同的动机，对于优先级 CDOs 产

---

① 资料来源：http://www.nmg.cei.gov.cn/tszs/201301/t20130121_99504.html，最后访问日期为 2013 年 12 月 27 日。

品的投资者而言，由 CDOs 产品所衍生的 AAA 级高收益产品（平均要高于 LIBOR70 个基点左右）较好地满足了这些机构投资者的需求。而股份层 CDOs 产品的投资者则获得了高杠杆无追索权的多样化抵押产品组合。

## 四、抵押资产管理人：获得超额收益

在每一个 CDOs 交易中，资产管理人都承担了极为重要的角色，资产管理机构一般持有 CDOs 的股份层，因而也获得了超额收益。一般而言，资产管理机构与承销商一起，要获得 CDOs 产品发行额 1%~1.5% 的管理费用和承销费用。

一个经验丰富的资产管理人在构建和维持 CDOs 产品及其信用质量的过程中发挥着十分重要的作用，特别是当基础资产发生违约时，资产管理人也要通过交易将违约损失降至最低，但实际上资产管理人并没有严格对 CDOs 产品的基础资产质量进行把关。

首先，CDOs 产品发行前抵押资产的买入。在发行之前，资产管理人已经开始为未来发行 CDOs 产品购买基础资产，这一过程也称为资产储备。即使是在 CDOs 产品发行之后，也经常会出现资产管理人还没有完成资产储备过程的情况，这就需要在产品发行后设立一个缓冲期，在缓冲期资产管理人继续完成抵押资产购买过程。

其次，CDOs 产品发行后抵押资产的调整和管理。在 CDOs 产品的再投资期，资产管理人需要根据再投资协议买入新的抵押资产；同时，根据 CDOs 产品交易限制和相关交易法律文件，资产管理人还要确保 CDOs 基础资产组合的信用质量维持稳定。

在美国结构化产品市场上，大约有 300 个 CDOs 资产管理人。资产管理人的收益来源于资产管理费和投资股份层 CDOs 产品的超额收益。从 2003 年开始，抵押资产管理机构为了寻求高收益开始逐步改变 CDOs 基础资产的构成，更多的基础资产来自结构化融资证券而非传统的公司债券，如次级

RMBS，与此同时也开始将其他 CDOs 产品的夹心层作为基础资产来打包，这种结构的转变也为 2007 年次贷危机埋下了隐患。

## 五、保险机构：拓展新业务

美国次级抵押贷款兴起于 2004 年，与结构化融资创新一起快速发展，后者主要用于助力抵押支持资产证券的销售。20 世纪 80 年代开始将抵押贷款集合资产包进行分层处理，并销售给不同的投资者。在 2000 年后这种资产证券化方式进行了重大创新，正如前文所述，经过结构化和证券化方式的处理，将这些资产重新组合成一个或多个优先层；这些优先层还远远达不到 AAA 的证券评级，但在金融机构特别是政府背景的金融机构对本金或利息进行担保或保证之下，就很容易达到 AAA 级并为投资者所接受。其中美国国际集团（AIG）金融产品部（FP）从 2005 年开始打包以 RMBS 为基础的 CDOs 产品。

然而，盛宴并没有结束。很多单一保险业务的保险公司也进入 AIG 金融产品部不能覆盖的市场空缺，一些保险公司甚至认为可以自己承担 CDOs 优先层级的风险。更为重要的是，一些 CDOs 的股份层可以组合成为新的 CDOs（夹心层），这些新的夹心层 CDOs 包含了大量的优先层。这就需要有相对较少的投资者来持有那些不能再组合成新 CDOs 的股份层产品，相对较多的投资者来投资夹心层 CDOs 产品，而大多数投资者都可以投资优先层 CDOs 产品。

单一保险业务公司主要是指那些仅可以对市政债券进行担保的保险公司，在很多年里，这些单一保险公司都获得 AAA 信用评级并寻求新的业务类型。很不幸，单一保险公司寻求的新业务中包含以次级 RMBS 为基础的 CDOs，并承保了数以千亿美元的这类证券。

# 第三节　危机后的哀鸿：损失和估计

2007 ～ 2008 年之后，随着单一保险业务公司信用风险的不断累积，违约概率也不断增加，银行被迫以信用风险为基础进行估值调整（Credit Valuation Adjustment，CVA），并在资产平衡表中反映这种对手方信用风险估值调整所带来的损失（CVA Charges）。

## 一、投资银行：12 家投行损失 2000 亿美元

随着单一保险业务公司信用的快速恶化，银行信用估值调整项变得非常巨大。特别是意识到一些保险机构可能会破产后，投资银行开始同意调整甚至是取消 CDOs 相关产品的保险合约，这也意味着在投资银行信用估值调整项下损失之外，还要进行资产减记。表 6-4 给出了全球 12 家银行机构在次贷危机之后的几年中信用估值调整项下损失和抵押贷款损失。

表 6-4　美国投资银行信用估值调整项下损失和抵押贷款损失　单位：10 亿美元

|  | CVA Charges | | | | | 2006 年净资产 | CVA Charges/净资产（%） | 抵押贷款损失 |
|---|---|---|---|---|---|---|---|---|
|  | 2007 年 | 2008 年 | 2009 年 | 2010 年 | 总计 |  |  |  |
| 美银美林 | 3.3 | 11.3 | 0.9 | 0.0 | 15.5 | 174.3 | 8.9 | 56.2 |
| 美国银行 | 0.2 | 0.9 | 0.9 | 0.0 | 2.0 | 135.3 | 1.5 | 16.4 |
| 美林证券 | 3.1 | 10.4 | 0.0 | 0.0 | 13.5 | 39.0 | 34.6 | 39.8 |
| 巴克莱银行 | 0.0 | 0.6 | 0.8 | 0.0 | 1.4 | 72.3 | 2.0 | 13.3 |
| 花旗银行 | 1.0 | 5.7 | 1.3 | 0.5 | 7.5 | 119.8 | 6.2 | 42.6 |
| 苏黎士信贷 | 0.0 | 0.6 | 0.1 | –0.0 | 0.5 | 35.7 | 1.5 | 11.1 |
| 法兰克福银行 | 0.1 | 1.8 | 0.0 | 0.2 | 2.1 | 43.3 | 4.9 | 6.9 |
| 高盛集团 | 0.0 | 0.0 | 0.0 | 0.0 | 0.0 | 31.0 | 0.0 | 4.6 |
| J.P. 摩根 | 0.0 | 0.0 | 0.0 | 0.0 | 0.0 | 115.8 | 0.0 | 2.0 |

续表

| | CVA Charges | | | | | 2006 年净资产 | CVA Charges/净资产（%） | 抵押贷款损失 |
| --- | --- | --- | --- | --- | --- | --- | --- | --- |
| | 2007 年 | 2008 年 | 2009 年 | 2010 年 | 总计 | | | |
| 摩根士丹利 | 0.0 | 1.9 | 0.2 | 0.9 | 3.0 | 35.4 | 8.4 | 3.2 |
| 苏格兰皇家银行 | 1.7 | 6.6 | 4.0 | −0.3 | 12.0 | 103.9 | 11.6 | 19.8 |
| 法国兴业银行 | 1.3 | 1.8 | 0.6 | 0.0 | 3.7 | 44.0 | 8.4 | 11.1 |
| 瑞银集团 UBS | 0.7 | 7.0 | 0.7 | （0.7） | 7.8 | 40.7 | 19.1 | 33.1 |
| 总计 | 11.4 | 48.7 | 9.5 | （0.5） | 53.6 | 816.2 | 6.6 | 203.9 |

资料来源：ISDA. Counterparty Credit Risk Management in the US Over-the-Counter（OTC）Derivatives Market: A Review of Monolinc Exposures［EB/OL］. [2011-09-02]. http://www.isda.org/a/feiDE/Counterparty-credit-risk-ii-monoLines.pdf.

## 二、保险机构：离场或改组

大部分单一保险业务公司在金融危机之后也都离开了结构化产品保险这块"伤心之地"，一小部分仍然经营投资组合产品的保险业务，但也是在银行、保险监管机构和控股银行的主导下进行。

在抵押信贷市场条件恶化时，CDOs 市场直到 2007 年年中仍然非常活跃。随着市场环境的继续恶化，银行为自己持有的优先层 CDOs 购买大量保险保护；但随着以 RMBS 为基础的 CDOs 产品的价格以令人目瞪口呆的速度下跌，市场开始逐步认识到这些单一保险公司将面临着巨大的损失。第一个倒下的是 ACA 金融担保公司，其 2007 年宣布资不抵债，并被迫在 2008 年初进行了重组。

单一保险业务公司和 AIG 金融产品部一样，一般都具有 AAA 的信用评级。在这样的信用评级支撑之下，保险公司是可以持续为 CDOs 相关产品的市场价值提供保险抵押的，特别是一些抵押条款也仅仅在其信用评级被下调多级后才会触发。然后一旦触发这些信用评级，单一保险业务公司就会面临巨额的新增抵押义务，这正如 2007 年 9 月 AIG 所发生的情形。

在这一过程中所蕴含的巨大信用风险被严重低估了，市场交易者原本应该进行更为深入的压力测试，以估算其风险暴露的稳健性。而直到 2011 年末，投资银行也仍然没有完成对单一保险业务公司的业务清算，资产负债表上仍然有 180 亿美元的信用估值调整损失。投资银行仍然没有放弃从单一保险业务公司的合约中进行价值回收。

## 三、CDOs 产品：已不复当年

根 据 SIFMA（the Securities Industry and Financial Markets Association）的统计（见图 6-2），CDOs 产品的发行规模由 2003 年的 866 亿美元上升到 2007 年的峰值 4816 亿美元，之后在 2009 年回落至 43 亿美元，在 2013 年重新上升至 902 亿美元 [1]，仍远未恢复到危机前的水平。

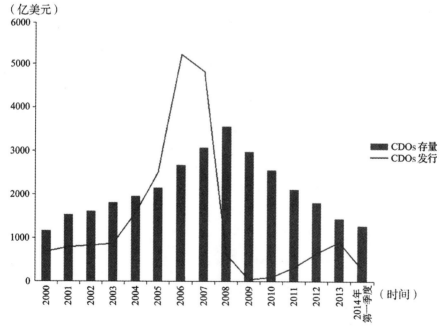

图 6-2　2000 ～ 2014 年第一季度 CDOs 产品的发行规模和存量

---

① 资料来源：美国证券业协会（SIFMA），http://www.sifma.org/research/statistics.aspx ，最后访问日期为 2014 年 6 月 9 日。

从存量上来看，CDOs 产品存量在 2008 年之后逐年下滑。CDOs 产品市场存量从 2008 年的 3550 亿美元，迅速下降至 2014 年第一季度的 1276 亿美元，下降幅度超过 60%。

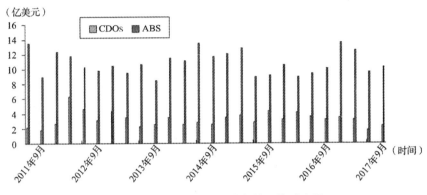

图 6-3　CDOs 和 ABS 非机构日均成交量

从交易量上看，CDOs 产品自 2011 年以来日均成交量仅为 3.25 亿美元，远低于同期 ABS 日均 10.83 亿美元的成交量（见图 6-3）。

# 第四节　私募结构化债券发展启示：
# 重视非标属性

我国资产证券化虽然刚刚起步，但发展比较迅速，与美国典型的 CDOs 产品相比较，还具有发展相对较为初级、缺乏结构化的证券化、外部增信不足等特点。美国 CDOs 产品的兴衰，给我国发展资产证券化业务带来几点启示：

**1. 从产品发行看**

作为最复杂的结构化债券产品，美国 CDOs 仅通过私募形式来发行，但在 2005 年之后，随着以 CDOs 为代表的资产证券化产品的快速发展，各参与机构都逐步忽视了其与标准化公募债券类产品的区别，之后 2007 ~ 2008

年基础资产风险的暴露，使产品风险迅速通过投资银行和保险机构向整个金融体系溢出，不仅给资产证券化参与各方造成巨额损失，也将全世界拖入金融危机和经济萧条之中，而作为金融危机主要渠道和载体的 CDOs 产品至今也未恢复到危机前的规模和水平。

**2. 从投行承销看**

美国投行作为资产证券化产品的设计者、发行者、做市商甚至是产品的投资者，在获利动机的驱使下，忽视了承销发行 CDOs 产品与传统公募标准化产品的区别，逐渐放松了对产品基础资产质量的把控和风险控制，在金融危机中付出了惨重的代价。在传统的公募债券承销发行中，债券发行方违约一般不会给承销商带来直接的损失；但对 CDOs 这样高度复杂的私募债券产品而言，CDOs 内嵌信用衍生品交易对手方风险，作为 CDOs 做市商和投资者对产品的直接持有等都会给承销商带来直接损失。根据国际衍生品协会（ISDA）2012年的统计，全球 12 家主要投行 2006 ~ 2011 年在 CDOs 产品上的直接资本金损失超过 2100 亿美元（12 家主要投行 2006 年净资本为 8162 亿美元），其中损失较为惨重的包括：瑞士银行（UBS）直接产品损失为 331 亿美元、信用估值调整损失为 78 亿美元，其 2006 年净资产为 407 亿美元；美林证券直接产品损失398 亿美元、信用估值调整损失 135 亿美元，由于其 2006 年净资产为 390 亿美元，故已破产；苏格兰皇家银行直接产品损失为 198 亿美元、信用估值调整直接损失为 120 亿美元，其 2006 年净资产为 1039 亿美元 [①]。

**3. 从评级机构看**

国际风险评级机构使用标准化公募债券评级方法来对最为复杂的结构化产品 CDOs 进行评级，大大低估了资产证券化产品的风险水平，给投资者造成了误导，使投资者一度认为经国际三大信用评级机构认定为 AAA 级

---

① ISDA. Counterparty Credit Risk Management in the US Over-the-Counter（OTC）Derivatives Market: A review of Monoline Exposures[EB/OL].［2011-09-02］. http://www.isda org/a/feiDE/Counterparty-credit-risk-ii-monolines.pdf.

的 CDOs 产品，不仅可以像其他 AAA 级企业债券一样安全地买卖，而且可以获得平均 70 个基点的收益率溢价。然而随着 CDOs 市场的崩溃，市场猛然发现对于具有高度私募属性的资产证券化产品，仅靠信用评级是远远不够的，还需要更多的风险衡量和反应机制，以及投资者自身的风险识别判断能力。

### 4. 从保险机构看

美国保险机构不仅是 CDOs 主要的投资者群体，同时还是其主要外部增信方，面对获得官方信用评级机构评级的资产证券化产品，美国保险机构一方面购买 CDOs 相关产品以获得投资收益，另一方面为其违约提供信用担保以获得担保业务收入。美国保险机构作为私募债券市场的传统投资者，往往对私募类债券具有独立的风险评估和处置能力，但对于 CDOs 类产品，保险机构则过于相信评级机构的外部评级。金融危机之后，美国保险集团（AIG）因评级下调而陷入破产危机，其他为 CDOs 产品提供外部信用风险担保的保险公司，在金融危机之后也都离开了结构化产品保险这块"伤心之地"，一小部分仍然经营投资组合产品的保险业务，但也是在银行、保险监管机构和控股银行的主导下进行。

### 5. 从产品发展看

作为全球金融危机爆发和蔓延载体的 CDOs 产品，至今仍未恢复至危机前的规模和水平。根据美国证券业协会（SIFMA）的统计，CDOs 产品的发行规模从 2003 年的 866 亿美元上升至 2007 年的峰值 4816 亿美元，之后在 2009 年回落至 43 亿美元，在 2013 年重新上升至 902 亿美元[①]，仍远未恢复到危机前的水平。从存量上来看，CDOs 产品的存量在 2008 年之后逐年下滑。CDOs 产品市场存量从 2008 年的 3550 亿美元迅速下降至 2014 年第一季度的 1276 亿美元，下降幅度超过 60%。

---

① 资料来源：美国证券业协会（SIFMA），http://www.sifma.org/research/statistics.aspx，最后访问日期 2014 年 6 月 9 日。

# 第七章　私募债券市场的国际融资者：路径和风险

## 第一节　美国私募市场上的国际融资者

### 一、美国私募债市场在国际融资市场的地位

在国际债券融资市场，2002 年之前大约有 50% 的债务融资是在美国债券市场完成的，虽然 2002 年美国 SOX 法案通过以后这一比例有所下降，但美国债券市场仍然占据大约 30% 的市场份额。在债券市场进行美元融资，主要有三个渠道：公开债券市场（国际融资者在公开市场发行的债券又称为扬基债券）、欧洲美元市场（国际融资者在美国之外发行美元债券）和 144A 私募债市场。表 7-1 给出了三大美元融资市场的主要特征和比较分析。

表 7-1　三大美元融资市场比较分析

|  | 扬基债券市场 | 欧洲美元市场 | 144A 私募债市场 |
|---|---|---|---|
| 发行人 | 公司、国际机构、主权政府、大型银行 | 公司、国际机构、主权政府和大型银行 | 公司、国际机构、主权政府和大型银行 |
| 投资者 | 机构和个人投资者 | 机构和个人投资者① | QIBs |
| 监管 | 美国和 SEC | 自律 SCMA | 美国 |

---

① 美国普通居民不允许购买未在 SEC 注册的债券，除非这只债券已经成为熟券（Bond are Seasoned）。一般一只新发行的债券需要 3~9 个月的时间才能成为熟券。

续表

| | 扬基债券市场 | 欧洲美元市场 | 144A 私募债市场 |
|---|---|---|---|
| 法律 | 美国法律 | 英国法律 | 美国法律 |
| 挂牌 | 很少挂牌，一般在 NYSE | 伦敦或 Luxemburg 股票交易所 | 不挂牌 |
| 信息披露 | 根据 SEC 要求信息披露 | 根据伦敦或 Luxemburg 股票交易所要求信息披露 | 根据 144A 规则或 12g3-2（b）豁免 |
| 发行规模 | 2.5 亿～10 亿美元 | 10 亿美元左右 | 2.5 亿～5 亿美元 |
| 发行期限 | 较长（平均 15 年） | 较短（平均 5～8 年） | 较长（平均 10 年） |
| 一级市场 | 美国 Syndicates 承销 | 国际 Syndicates 承销① | 美国投资银行承销 |
| 二级市场 | 美国 OTC: TRACE | 主要在伦敦 OTC:TRAX | 美国 OTC: PORTAL |
| 流动性 | 较好流动性 | 较差 | 较差 |

资料来源：笔者根据相关资料整理。

欧洲美元市场没有注册要求，因为这一市场不属于任何一个主权国家；其监管主要由自律国际组织 ICMA（International Capital Market Association）来提供发行和交易的标准和规范。在信息披露方面，一般需要根据伦敦股票交易所或卢森堡证券交易所的信息披露要求来进行信息披露，一般还需要提供年度报告，但这些要求通常都要低于 SEC。

图 7-1 和图 7-2 给出了 1985～2006 年国际融资者在欧洲美元债券市场、欧洲股票市场、扬基债券市场、美国股票市场、144A 债券市场和 144A 股票市场的融资规模和融资数量情况。从中可以看出：①欧洲美元债券、扬基债券和 144A 债券是国际融资者进行美元融资的主要渠道；②欧洲美元债券市场长期占据着非常重要的地位，平均每年约有 400 亿美元的市场规模；③144A 债券市场自 1990 年以来整体处于增长态势，特别是 2002 年 SOX 法案通过以后，2005 年市场规模接近 700 亿美元；④扬基债券市场在

---

① 美国商业银行不被允许参与欧洲美元承销团，除非它们能够保证美国投资者不会购买该次承销的债券。

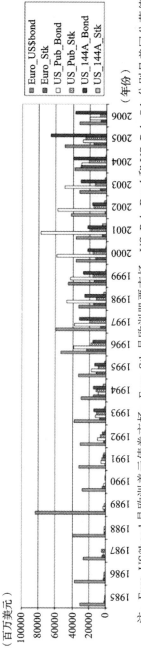

图 7-1　国外融资者在美国资本市场融资的结构（按发行规模）

注：Euro_US$bond 是欧洲美元债券市场；Euro_Stk 是欧洲股票市场；US_Pub_Bond 和 US_Pub_Stk 分别是美国公募债市和股市；US_144A_Bond 和 US_144A_Stk 分别是美国 144A 私募股票和债券市场。

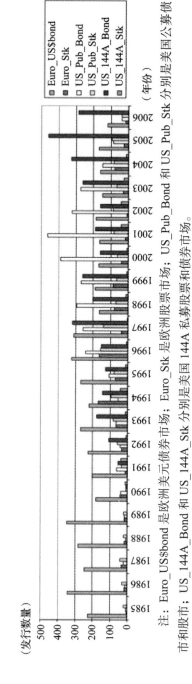

图 7-2　国外融资者在美国资本市场融资的结构（按发行数量）

注：Euro_US$bond 是欧洲美元债券市场；Euro_Stk 是欧洲股票市场；US_Pub_Bond 和 US_Pub_Stk 分别是美国公募债市和股市；US_144A_Bond 和 US_144A_Stk 分别是美国 144A 私募股票和债券市场。

1990 ~ 2001 年经历了上升的周期，2002 年 SOX 法案通过之后，更加严格的公司治理和信息披露要求导致国际融资者发行成本上升，从而使这一市场迅速萎缩，2006 年其市场规模接近 200 亿美元。

## 二、私募债市场中的国外融资者：结构

国外融资者在 144A 私募债市场上有一定的地位，且以发达国家融资者为主。根据 1991 ~ 2008 年 5890 个 144A 债券以及 11104 个公募发行债券为样本[①]，美国国内发行者仍然是 144A 债券市场上的主要融资者，约占总融资规模的 86%，这一点与公募市场融资结构较为相似。其他发达国家融资者约占 144A 债券融资市场的 12%。

2002 年之后 144A 市场的融资者结构发生了较大的变化[②]，国外融资者在 144A 债券融资市场所占的比重进一步下降。其中美国国内发行人占比上升至 93.6%，其他发达国家占比下降至 5.8%，发展中国家占比下降至 0.5%。

美国和其他发达国家公司 144A 市场融资额和公募债券融资额分别占样本总融资规模的 33% 和 67%，而发展中国家分别占 67% 和 28%，发展中国家的融资者总体上更加偏好 144A 市场融资。

---

① Mittoo U. R and Zhang Zhou. The Evolving World of Regulations Debt Market：A Cross-Country Analysis［EB/OL］. http://www.researchgate.net/publication/267715389_THE_EVOLVLNG_WORLD_OF_144A.MARKET_A_CROSS_COUNTRY_ANALYSIS，2012.

② 2002 年 7 月 30 日美国国会通过了 SOX 法案（Sarbanes-Oxley Act），作为对安然公司财务丑闻的回应，该法案对公司治理和信息披露行为作出了更为严格的规定，从而增加了企业发债融资的成本，国外融资者在美国公开市场的债务融资也适用 SOX 法案。相关研究表明：首先，SOX 法案之后，国外发行者在美国公募债券市场融资的比例大幅下降，法案将那些透明度较低的国外公司挡在公募市场之外。其次，SOX 法案之后，美国公司债券融资市场信用溢价平均上升 30 个基点，其中 144A 私募债大约上升 45 个基点（进一步的研究认为，私募债券信用溢价的上升似乎来源于高收益 144A 债券），公募市场债券市场大约上升 25 个基点［相关研究可见 Mittoo U. R. 和 Zhang Z.（2012）等］。

表7-2　144A私募债市场和公募债券市场的国外融资者

| 144A私募债市场（1991～2008年） | | | | |
|---|---|---|---|---|
| 融资者国别 | 样本数 | 融资总规模（亿美元） | 融资均值（亿美元） | 融资中值（亿美元） |
| 美国 | 5032 | 11025.9（85.2%） | 2.19 | 1.50 |
| 其他发达 | 604 | 1508.05（11.6%） | 2.50 | 1.50 |
| 发展中国家 | 254 | 412.40（3.2%） | 1.62 | 1.20 |
| 公募债券市场（1991～2008年） | | | | |
| 融资者国别 | 样本数 | 融资总规模（亿美元） | 融资均值（亿美元） | 融资中值（亿美元） |
| 美国 | 10324 | 22522.42（87.4%） | 2.18 | 1.40 |
| 其他发达 | 709 | 3093.98（12.0%） | 4.36 | 2.76 |
| 发展中国家 | 71 | 162.70（0.6%） | 2.29 | 1.98 |

资料来源：Mittoo U. R. 和 Zhang Z.（2012）。

### 三、美国私募债市场的国际融资者：成本比较

国外发行人在144A私募债市场要付出更高的融资成本，发展中国家更高。与美国144A私募发行人相比，其他发达国家发行人的融资成本略有提高，但并不显著，但来自发展中国家的融资者要付出显著较高的融资成本（一般要额外高出美国融资者62个基点左右）。

144A市场国际融资者的行业比较。在144A市场的国际融资者主要来自制造业、信息产业、矿业开采、基础设施和交通运输等行业，分别约占总规模的37%、17%、13%、7%和7%。

# 第二节　国内企业海外发债融资

2011年以来随着国内融资成本的上升，掀起了一波企业进行海外美元融资的高潮，而企业进行美元债务融资较少能够进入公募债券市场，大多数

都是根据美国 144A 条款进入美国私募债券市场。

## 一、境内企业美元债发行方式

按照目前实务操作的案例，境外发行债券的情形包括在境内注册的公司在境外发行债券，以及在境外注册的公司在境外发行债券但涉及中国境内相关权益（如红筹公司在境外发行债券）。发行标的包括可转换债券、大额可转让存单、商业票据等。发行方式包括以下两种：

（1）境内企业作为发债主体，直接在香港市场发行债券。此方式审批程序复杂、耗时长，且存在很大的不确定性；目前采取直接方式在香港发行债券的境内主体绝大部分为境内金融机构和大型国有企业。

（2）采用境外设立子公司作为发债主体，境内母公司进行担保的方式进行发债。对于 H 股上市企业而言，一般是采用境外设立子公司作为发债主体，H 股公司进行担保的方式进行发债。

## 二、发行美元债的主体条件

根据目前市场上已发行的案例，发行主体一般要符合以下两方面的要求：

### 1. 营利性

目前绝大多数的已发行案例都是遵照 Reg S.（Regulatien S.）的标准进行的，发地主体在美国境外向投资者提呈和发售，且发行主体需要符合 Reg S. 条例的营利性要求。

根据具体操作的实务，美元债发行对象一般为：①依据美国《1933 年证券法》144A 条例，只在美国境内向合资格机构买家提呈和发售；②依据美国《1933 年证券法》S 条例即 Reg S. 条例，在美国境外向投资者提呈和发售。所以，美元债的发行必须符合上述条例的要求。根据 Reg S. 的发行标准，发行通函最少要有两年的业绩披露，而市场一般要求发行企业两年的业绩均有盈利记录，并且没有出现盈利下降的情况；面向美国本土机构投资者的 144A 发行标准则需要三年业绩及详尽披露，另外，路演时也可能向投资者发放近 3 年财务数据，所以，就一般情况而言，亏损或最近曾发出盈利预警的企业并不具备发债条件。

表 7-3  Reg S. 与 144A 条例对比

| | 144A | Reg S. |
|---|---|---|
| 评级 | 最好有 2 个评级机构给予评级 | 最好有 1 ～ 2 个评级机构给予评级 |
| 交易时间 | 6 ～ 10 周 | 5 ～ 7 周 |
| 信用研究 | 根据法律规定可以进行交易前研究 | 根据法律规定可以进行交易前研究 |
| 交易规模 | 一般大于 5 亿美元 | 一般低于 5 亿美元或以下 |
| 发行期限 | 长期融资；10 年或以上融资期限 | 中期融资；10 年或以下 |
| 目标投资者 | 美国与亚洲机构投资者起主导作用<br>具体为：美国机构投资者（QIBS），欧洲和亚洲（基金管理公司、资产管理公司、商业银行、中央银行、养老金、保险公司及散户） | 亚洲投资者扮演订单的关键角色，欧洲投资者角色其次<br>具体为：欧洲和亚洲（基金管理公司、资产管理公司、商业银行、中央银行、养老金、保险公司及散户） |
| 信息披露要求 | 比 Reg S. 更为严格<br>需要 10b-5 法律意见 | 较 144A 宽松<br>较容易的披露要求<br>和法律意见要求 |
| 会计报告要求 | 需要 SAS72 式的有反面保证的安慰函 | 是否需 SAS72 式的有反面保证的安慰函可以选择 |
| 路演 | 5 ～ 7 天；在美国、亚洲和欧洲进行 | 3 ～ 5 天；在亚洲和欧洲进行 |

资料来源：笔者根据相关资料整理。

## 2. 评级要求

债券经过国际评级机构评级之后所获评级应不低于BBB-，否则难以得到投资者的认同。

香港市场债券发行人以企业为主，且公开发行的债券的发行人通常需取得国际评级机构的评级。根据评级，发行人分为投资级与非投资级，标普（S&P）评级 BBB- 以下即为非投资级。故债券经过国际评级机构评级之后所获评级应不低于BBB-，否则难以得到投资者的认同，或者导致较高的融资成本。

表7-4　国际评级机构评级标准（以标普为例）

| 长期信用等级 | 评述 | 短期信用等级 | 评述 |
|---|---|---|---|
| AAA | 清偿能力很强，风险很小 | A-1 | 清偿能力最强，风险最小 |
| AA | 清偿能力较强，风险小 | A-2 | 清偿能力较强，尽管有时会受内部条件和外部环境影响，但是风险较小 |
| A | 清偿能力强，有时会受经营环境和其他内外部条件不良变化的影响，但是风险较小 | A-3 | 清偿能力一般，比较容易受到内部条件和外部环境的影响，有一定的风险 |
| BBB | 有一定的清偿能力，但易受经营环境和其他内外部条件不良变化的影响，风险程度一般 | B | 清偿能力不稳定，具有投机性 |
| BB | 清偿能力较弱，风险相对越来越大，对经营环境和其他内外部条件变化较为敏感，容易受到冲击，具有较大的不确定性 | C | 清偿能力很差 |
| B | 清偿能力弱，风险相对越来越大，对经营环境和其他内外部条件变化较为敏感，容易受到冲击，具有较大的不确定性 | D | 不能按期还本付息 |

续表

| 长期信用<br>等级 | 评述 | 短期信用<br>等级 | 评述 |
|---|---|---|---|
| CCC | 清偿能力较弱，风险相对越来越大，对经营环境和其他内外部条件变化较为敏感，容易受到冲击，具有较大的不确定性 | – | – |
| CC | 清偿能力很弱，风险相对越来越大，对经营环境和其他内外部条件变化较为敏感，容易受到冲击，具有较大的不确定性 | – | – |
| C | 濒临破产，债务清偿能力极低 | – | – |
| D | 为破产倒闭的金融机构 | – | – |

注：每个信用级别可用"＋""–"进行微调。

资料来源：笔者根据相关资料整理。

评级机构有一套完整的评级体系，需要考虑的因素非常多，在不考虑其他因素而仅考虑企业财务状况时，标普的评级指标体系如表 7-5 所示（针对企业长期贷款风险给出的评级指标）。

表 7-5　企业财务风险指标

| 指标 | AAA | AA | A | BBB | BB | B | CCC |
|---|---|---|---|---|---|---|---|
| 税前及利息前利润的利息偿付率 | 21.4 | 10.1 | 6.1 | 3.7 | 2.1 | 0.8 | 0.1 |
| 扣除利息、税金及折旧费前的利润的利息偿付率 | 26.5 | 12.9 | 9.1 | 5.8 | 3.4 | 1.8 | 1.3 |
| 运营资金量／总负债 | 84.2 | 25.2 | 15 | 8.5 | 2.6 | （3.2） | （12.9） |
| 自有经营现金／总负债 | 128.8 | 55.4 | 43.2 | 30.8 | 18.8 | 7.8 | 1.6 |
| 资本回报率 | 34.9 | 21.7 | 19.4 | 13.6 | 11.6 | 6.6 | 1.0 |
| 营业收入／销售 | 27.0 | 22.1 | 18.6 | 15.9 | 15.4 | 11.9 | 11.9 |
| 长期负债／资本 | 13.3 | 28.2 | 33.9 | 42.5 | 57.2 | 69.7 | 68.8 |
| 总负债／资本 | 22.9 | 37.7 | 42.5 | 48.2 | 62.6 | 74.8 | 87.7 |

资料来源：笔者根据相关资料整理。

### 三、境外发行美元债券的主要程序及审批

**1. 境内企业作为发债主体，直接在香港市场发行债券**

按照目前我国法律、法规规定，境内注册的公司在境外发行债券履行的审批备案程序相对较为繁杂。目前此方面的规定主要包括《中华人民共和国证券法》《国家发改委、中国人民银行关于进一步加强对外发债管理的意见》《中国人民银行关于对外发行外币债券由中国人民银行归口管理的通知》《国有和国有控股企业外债风险管理及结构调整指导意见》。

（1）发债资格的认定。对外发债实行资格审核批准制。境内机构对外发债资格，由国家发改委同人民银行和有关主管部门，借鉴国际惯例进行评审后报国务院批准。发债资格每两年评审一次。

（2）对外发债的审批。首先，境内机构（财政部除外）对外发债，经国家发改委审核并会签国家外汇管理局后报国务院审批。国务院批准后，市场选择、入市时机等由国家外汇管理局审批。地方政府不得对外举债。其次，境内机构发行商业票据由国家外汇局审批，并占用国家外汇管理局核定该机构的短期对外借款余额指标；发行前设定滚动连续发行的，由国家外汇管理局会签国家发改委后审批。再次，境内机构为其海外、分支机构境外发债进行融资担保，发债所筹资金不调入境内使用由国家外汇管理局按现行有关规定（主要指对外担保规定）审批。最后，境内机构对外发债后，要按照国家外汇管理局的规定办理外债登记。

（3）申请对外发债需报送的材料。境内机构申请对外发债应向主管机关报送以下资料：①最近3年的经营业绩、财务状况及相关财务报表；②发债所筹资金的投向、用途；③国家有关部门批复的项目可行性研究报告或利用外资方案，以及纳入国家利用外资计划的证明文件；④主管机关要求的其他

文件。

**2. 境内企业在境外设立子公司，由子公司作为发债主体发行债券**

目前境内民营企业在香港发行债券的案例，大多采用间接方式。此种方式下发行债券，通常需要境内母公司为子公司提供担保。担保需要取得国家外汇管理局的批准，并需就担保在外汇管理部门办理对外担保登记手续（境内机构为其海外分支机构境外发债进行融资担保，发债所筹资金不调入境内使用的，由国家外汇管理局按现行有关规定审批；若发债资金调入境内使用，按境内机构对外发债的审批程序办理）。

表 7-6　各种发行方式下审批比较

| 融资主体 | 担保 | 资金流向 | 审批方式 |
|---|---|---|---|
| 境内公司作为发行主体直接在香港发债 | — | 不明确，监管机构倾向于资金留在境外 | 国家发改委个案审批 |
| 境外公司作为发行主体 | 不涉及境内公司对外担保 | 募集资金留存境外 | 无须审批 |
| | | 募集资金回流境内 | 商务部门、外汇管理局审批 |
| | 涉及境内公司对外担保 | 募集资金留存境外 | 商业银行受理，但2011年的对外担保额度已经基本用完；外管局核准对外担保登记 |
| | | 募集资金回流境内 | 不予批准。汇发〔2011〕30号文明确规定，融资性对外担保项下的募集资金不得回流境内使用 |

资料来源：笔者根据相关资料整理。

## 四、案例：A公司香港发行美元债

发行方式：A公司于2012年3月召开2012年度第一次临时股东大会，

审议通过了《关于境外子公司在境外发行债券的议案》，其内容包括批准A公司通过其境外全资子公司在境外发行美元债券，并由A公司为债券提供担保。

发行人：本公司、境外全资子公司。

发行人基本情况：公司间接持股的全资子公司，截至 2011 年 12 月，A公司香港子公司的资产总额为 1 万元港币，负债总额为 0 元港币，净资产为 1 万元港币，2011 年度营业收入和净利润均为 0 元港币。A公司香港子公司不存在担保、抵押、诉讼与仲裁事项。

募集资金用途：A公司拟将债券发行所得资金用于本公司的境外扩展计划，包括提升销售和服务网络、建立研发中心和生产制造中心。

发行对象：①依据美国《1933 年证券法》144A 条例，只在美国境内向合资格机构买家提呈和发售；②依据美国《1933 年证券法》S 条例，在美国境外向若干机构提呈和发售。

债券上市交易所：债券已获新加坡证券交易所原则上批准上市。新加坡证券交易所不对发售备忘录中任何陈述或当中发表之任何意见或所载任何报告之准确性承担任何责任。公司没有也不会申请将债券在香港上市。

发债之联席牵头经办人兼联席账簿管理人：中银国际亚洲有限公司、瑞士信贷（欧洲）和高盛（亚洲）有限责任公司。

审批：A公司已经就本次担保取得国家外汇管理局的批准，尚需就本次担保在外汇管理部门办理对外担保登记手续。

评级：债券已被标准普尔评级服务公司暂评为 BB+，并被惠誉国际信用评级公司暂评为 BBB−。

主要步骤如下：

（1）发行人首先向美国的资信评定公司提供资料，以便其调查和拟定发行人的债券资信级别。同时，发行人还要向美国证券和交易所委员会呈报注册文件的草稿。

（2）债券发行人完成向美国证券交易委员会呈报注册文件的工作。同时，资信评定公司也完成调研工作，提出债券资信级别的初步意见。如果债券发行人对此无异议，则正式资信级别的等级意见书成立，如果债券发行人不接受，则考虑不定级发行。

（3）美国证券和交易所委员会收到债券发行人呈报的注册文件后，要进行审查，审查完毕后发出一封关于注册文件的评定书。债券发行人应就评定书里提出的问题做出答复。

（4）债券发行人根据美国证券和交易所委员会在评定书中提出的意见，完成注册文件的修改工作。

（5）债券发行人应选择一名管理包销人，由管理包销人组织包销集团，负责包销及有关工作。管理包销人提出发行债券的初步方案，广泛征求意见，以期债券发行人和债券投资者双方都能满意。

（6）正式在债券市场上发行债券。

# 第三节　国际私募债券融资：成本估算和案例

## 一、中国企业海外私募融资：成本节约估算

中国企业近年来在国际市场每融资 10 亿美元（期限为 5 年，假定国际评级在 BB- 与 BBB+ 之间，基准日 2014-05-23），成本将节省 8 亿～ 10 亿元人民币。

表 7-7　国内企业海外融资案例海外融资成本节约估算

| 序号 | 公司 | | | | | 海外融资方案 | | 成本节约 | |
| | 企业名称 融资日期 | 所属行业 | 国际评级① | 国内评级 | 融资金额 | 期限 | 利率 | 国内融资利率 | 成本节约估算 |
| --- | --- | --- | --- | --- | --- | --- | --- | --- | --- |
| 1 | 万科地产 2013 年 3 月 8 日 | 地产 | BBB+ | AAA | 8 亿美元 | 5 年 | 2.625% | 4.88% | 5.66 亿元 |
| 2 | 中信证券 2013 年 4 月 26 日 | 金融 | BBB+ | AAA | 8 亿美元 | 5 年 | 2.55% | 4.88% | 5.79 亿元 |
| 3 | 海通证券 2013 年 10 月 29 日 | 金融 | BBB+ | AAA | 9 亿美元 | 5 年 | 3.95% | 5.64% | 4.67 亿元 |
| 4 | 万科地产 2013 年 11 月 5 日 | 地产 | BBB+ | AAA | 10 亿美元 | 5 年 | 4.5% | 6.32% | 5.58 亿元 |
| 5 | 万科地产 2013 年 11 月 6 日 | 地产 | BBB+ | AAA | 1.4 亿新元 | 4 年 | 3.275% | 5.74% | 0.85 亿元 |
| 6 | 中石化 2013 年 10 月 18 日 | 工业 | A+ | AAA | 7.5 亿美元 | 5 年 | 2.5% | 5.25% | 6.33 亿元 |
| | | | | | 5.5 亿美元 | 7 年 | 2.625% | 5.42% | 6.60 亿元 |
| | | | | | 15 亿美元 | 10 年 | 4.375% | 5.55% | 10.8 亿元 |
| | | | | | 5 亿美元 | 30 年 | 5.375% | 6.06% | 6.30 亿元 |
| 7 | 腾讯 2014 年 4 月 23 日 | 互联网 | A- | AAA | 5 亿美元 | 3 年 | 2% | 6.00% | 3.69 亿元 |
| | | | | | 20 亿美元 | 5 年 | 3.375% | 6.18% | 17.28 亿元 |

资料来源：笔者根据相关资料整理。

———————

① 采用标普评级（Standard & Poor's），下同。

计算成本节约金额时：①汇率采用融资当日汇率中间价；②国内融资利率采用融资当日该公司国内信用评级对应期限 DCM 定价中枢利率；③计算仅为初步估算，未经折现处理；④未考虑国内外融资承销费用的差别。

## 二、中国企业海外私募融资：发行结构

中资企业在境外资本市场融资时最常见的发行结构是在境外成立一家控股公司。这些控股公司一般在节税的司法管辖区注册，如开曼群岛和英属维尔京群岛，然后在境外证券交易所上市（一般在中国香港上市）。这些境外的控股公司将通过在国内成立的外商独资企业持有境内的运营资产。

其他比较受企业青睐的上市地区，如新加坡和美国，可能要求上市公司在上市地点注册。但是，这些企业可能仍通过将在节税地区注册的控股公司作为中间机构持有境内的外商独资企业的股份。

## 三、中国企业海外私募融资：风险节点

清算回收分析引发评级调整：惠誉运用《非金融企业发行人的回收评级与级别调整标准》（ *Recovery Analysis and Notching Criteria for Non- Financial Corporate Issuers* ）中阐述的清算回收分析来决定是否将发行的境外债券的评级在发行人违约评级（IDR）的基础上向下调整。在其清算回收评级的分析中，除非有境内运营实体提供担保，否则无论文件中境外债务相对的安全性和次序的水平如何，境外债券在偿还过程中的优先次序从属于所有的境内债券。

级别向下调整的情况有限：虽然境外债券处于结构性从属地位，但过往较少出现需要惠誉将境外发行债券的评级从公司 IDR 级别向下调整的情况。主要原因是受评中资企业的财务杠杆水平普遍相对较低，但这也并不意味着境外债权人可以在违约情况下能够获得全部偿还。

IDR 低于"BB"级的企业，只有在惠誉估计其回收水平低于平均水平

（低于 30% ～ 50%）时，才会将发行债券的评级向下调整。处于"BB"级别的企业，当优先债务 /EBITDA 超过 2 倍，或者对于房地产相关企业，无担保的资产覆盖率低于 2 倍，惠誉会向下调整信用评级。

结构重组先例有限：自 2007 年《企业破产法》（以下简称《破产法》）实施以来，极少的中资企业进入破产程序。大多数企业倒闭都是根据《公司法》的程序进行。因此，法院对于执行《破产法》缺乏经验和专业技术水平。惠誉并不认为有足够的案例证明在破产后将进行债务结构重组（无论成功与否）并以其作为未来债务重组的先例。

融资结构带来复杂性：目前，《破产法》只适用于境内成立的实体，并且没有区分向境内实体借款的实体注册所在地。虽然境外债权人（上文描述的向境外实体借款的实体）的地位在《破产法》中没有定义，《破产法》允许境外法院的判决通过中国法律体系执行。惠誉认为相应的解释有可能依据每个法院的具体解释或对具体个案的解释。

# 第八章 美国私募债券融资的立法和监管：现状、演变和启示

## 第一节 美国私募债券融资立法和监管：起源

美国《1933 年证券法》规定，所有的证券发行都必须注册并按要求进行信息披露；但同时基于两个方面的理由，也对一些不涉及公众的发售和交易给予注册豁免：①认为在证券市场上以机构投资者为代表的熟练投资者是不需要通过证券注册的形式来给予保护的，因为他们自己有足够的能力来获得、分析、评估相关信息；②降低小规模和小范围证券发行，如借贷、合伙的融资成本。被给予注册豁免的证券便被称为私募证券，相应地，其发行和交易市场称为私募市场（Private Placement Market）。这为世界上最大的私募证券市场的发展开启了重大的法律依据。

根据巴克莱银行的研究，美国传统私募债融资规模 2011 年为 468 亿美元，2012 年约为 540 亿美元，超过了银行业对中小企业的信贷。但由于大部分私募债券融资并没有相关的信息披露，所以这一数据应当是低估的，市场可以获得的私募交易数量主要是那些进行信息披露的公众公司所进行的私募债券发行。美国联保调查局（OIG）2009 年的调查报告显示，2007 年

和 2008 年在 SEC 登记的交易中分别有 28594 和 27197 笔私募交易①，而可以公开获得的私募交易信息显示，2007 年美国私募债交易规模约为 1454 笔共 800 亿美元，2008 年美国私募债市场发售规模为 1176 亿美元，因此可以认为，基于上市后私募投资（Private Investment in Public Equity，PIPE）等的相关统计数据应当是大大低估了私募市场的交易规模。

# 第二节　美国私募债券融资立法和监管：现状

本书尝试从三个层面来分析美国私募债券融资立法和监管的限制：第一，相关法律和监管条文及其来源；第二，立法和监管关注的重点问题；第三，立法和监管下美国私募债券融资市场所形成的分层结构。

## 一、相关法律条文及来源

美国私募债券融资的相关法律和监管目前主要包括两个层面：其一是联邦层面的法律监管，这主要由法律条文和判例来支持，主要涵盖在第 4 条款之内，其核心内容是对于不涉及公开发行的证券交易给予注册豁免，但如何定义 "不涉及公开发行" 这方面的规定仍然比较模糊；其二是美国证券交易委员会（SEC）层面制定的解释和规则，主要包括 D 规则，其核心在于给予非公开发行和交易的范围予以界定（详见表 8-1）；同时，为了提高私募市场的流动性并拓宽国内投资者的投资渠道，其也制定了 144A 规则和 S 条款；在互联网金融快速发展的环境下，当前 SEC 也尝试对发行人通过自己的网站进行资金募集的行为给予注册豁免，这就是 2012 年 JBOS 法案。

---

① 由于美国 SEC 规定根据 D504、D505 条款发行的私募债需要向 SEC 提交一个简单的登记表，但相关统计信息 SEC 并未进行发布，因此，很难知晓有多少私募发行是在 D504、D505 条款下进行的，但一般而言这两个条款下单个私募发行规模都仍然比较小。

表 8-1 美国私募债券融资相关立法

| 立法来源 | 法案条文 | | 豁免条件 | 豁免依据 |
|---|---|---|---|---|
| 美国《1933年证券法》和1953年判例 | 第 5 章 | | 所有证券发行必须注册并提供信息披露 | — |
| | 第 3 章豁免 | | 本州居民面向本州居民债权发行 | * |
| | 第 4 章 | A（2） | 不涉及面向公众的证券发行 | 经常使用 |
| | | A（5） | 一定条件下面向认可投资者的不超过500万美元的证券发售 | 仍具效力 |
| | 1953 年 Ralston Purina 判例 | | 解释4A（2）为：发行人提供充分信息披露，投资者足够精明（熟练投资者）而能理解这些信息 | 经常使用 |
| | 2012 年 JBOS 法案 | | ①仅面向认可投资者的私募发售可以广告；② 12 个月内不超过 100 万美元的网络债权发行和资金募集 | 即将实施 |
| 证券交易委员会相关规则和监管法案 | 20 世纪80 年代D 规则 | 504 | 面向是熟练投资者且不超过 100 万美元的证券发行 | 仍具效力 |
| | | 505 | 面向认可或限量非认可投资者且不超过 500 万美元的证券发行 | 仍具效力 |
| | | 506 | 面向认可投资者和限量熟练投资者但不限数量的证券发行 | 经常使用 |
| | 144 系列规则 | 144 | 私募证券在一定时限（6 个月至 3 年）后可以转售 | — |
| | | 144A | 只要面向合格投资者的发售和交易 | 经常使用 |
| | | S 规则 | 国外融资者面向合格投资者的发行豁免 | 经常使用 |

资料来源：笔者根据相关资料整理。

## 二、立法和监管所关注的重点问题

无论是联邦层面还是证券交易委员会层面，私募债券的立法都重点关注以下几个方面：

（1）怎样的发行才算是"不面向公众的证券发行"。美国《1933 年证券法》规定，对于"不面向公众的证券发行"可以在法律上给予注册豁免，但并未就怎样的证券发行才算是"不面向公众的证券发行"给予明晰的界定。为此，美国证券立法和监管进行了长达 80 多年的探索和实践，而这一探索目前仍未完成。

如何划定这个边界也是一个长期演变的过程：从最早期规定 500 个投资者数量上限、到 1953 年 Ralston Purina 判例对投资人资格和信息披露的重视、进而到 20 世纪 80 年代 D 规则下提出合格投资者、再到 1990 年 144A 规则对于合格投资者的界定，2012 年的 JBOS 法案更加关注投资人资格的划定而逐步放宽信息披露内容和方式的限定。

表 8-2　"不涉及公众的证券发行"内涵界定的演变

| 时间 | 内涵的界定 |
| --- | --- |
| 1933 ~ 1953 年 | 投资人不超过一定数量（如 500 人）、小规模（如不超过 500 万美元）发行、无广告、仅对投资者信息披露 |
| 1954 ~ 1980 年 | 重视投资人资格（如熟练投资者且能获得、理解发行人信息）和信息披露（仅面向投资者且类似于公募市场信息披露程度），取消了对投资人数量的限制 |
| 1980 ~ 1990 年 | 对不同发行规模设定投资人资格：1 年以内 100 万美元以下投资者为熟练投资者、1 年以内 500 万美元以下发行对象为认可投资者和 35 名以内的非认可投资者、不限规模的投资人须为认可投资者和 35 名熟练投资者；后两者发行过程总需要向非认可投资者提供特定且详细的信息。且私募债券的转售要受到持有时间限制 |

续表

| 时间 | 内涵的界定 |
|---|---|
| 1990～2012年 | 对于不限规模的发行和交易面向 QIB 投资者时，可以在 QIBs 之间自由转让而不受时间限制；信息要面向投资者披露 |
| 2013年以来 | 仅面向认可投资者且最终投资人也是认可投资者时，发行过程可以公开募集且广告；100 万美元以下的网络募集时，并且不要求投资者有任何资质，可以是没有任何经验的投资者 |

资料来源：笔者根据相关资料整理。

（2）对于私募债券融资市场投资人资格的界定。在私募债券融资过程中，不同发行规模的信息披露程度和关于对象的要求也各不相同，随着发行规模的增加，对信息披露对象的资质要求也越来越高，从低到高依次为熟练投资者（Sophisticated Investor），主要包括机构投资者和高净值个人；认可投资者（Accredited Investor），主要包括机构投资者和资产超过 100 万美元的个人；合格买者（Qualified Purchaser），主要是指有 500 万美元投资的个人或 2500 万美元投资的机构；合格投资者（Qualified Investment Buyer，QIB），主要指拥有 1 亿美元证券资产的机构投资者。投资者分层结构如图 8-1 所示。

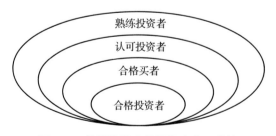

图 8-1　美国私募市场投资者分层结构

（3）私募债券融资监管设置的法律障碍应当有多高。若证券市场满足如下三个要素：企业有项目融资的需求、投资者有资本且需要投资机会、法规允许企业发行证券来融资，此时证券融资市场便会自然而然地发展起来。当然，在证券市场融资发展过程中还存在两个障碍：市场障碍和法律障碍。

市场障碍是指在自然发展的融资市场中，发行者有能力发行能够满足投资者要求的证券，即企业要使投资者相信投资回报与投资风险是匹配甚至是更优的，否则证券发行和投资行为就无从产生，这要求企业能够产生高于投资者收益率要求的利润。法律障碍是指法律给予融资者发行证券能力以限制，那么就会增加公司融资成本，公司需要超越这些障碍来发行证券给投资者；同时，社会环境作为一个整体也会增加成本。只有这些法律监管带来的收益大于成本时，法律监管才是合理的。

美国私募债券融资立法和监管中，主要在于两个方面的权衡：一方面是防止证券融资欺诈、保护投资者而制定相关法律障碍带来的融资成本上升；另一方面是放宽私募债券融资限制和监管而带来的金融资源配置效率的提升。

在如何取得平衡方面，美国立法和实践一直坚持以下理念：①机构投资者和高净值的个人投资者并不需要通过证券注册和严格信息披露的形式来保护；②机构投资者可以自己获得发行人的信息，评估发行人的投资风险，因而关于私募债券发行的信息披露无须像公募市场那样严格要求；③尽管难以避免私募债券市场金融欺诈的发生，但即使在公募市场也难以完全防范欺诈发生，特别是与众多中小企业可以获得发展所需的融资和金融资源配置效率改进的收益相比较，欺诈及其产生的损失可以忽略不计。


# 第三节　美国私募债券融资立法和监管：历史演变

### 一、起步期：美国《1933 年证券法》开辟私募债市场

美国《1933 年证券法案》规定所有的证券发行必须出具募资说明书并

在证券交易委员会注册，但也给出了例外。法案第三部分豁免了特定证券的注册，如国库券和商业票据；法案第4部分豁免了特定证券的交易，如私募债券的发行和交易，特别是4A（2）条款豁免了那些不涉及公开发行的交易。

在第4A（1）条款中，认为仅仅在"发行者、交易者和承销者"之间的交易需要募集说明书和注册，即募集说明书在发行者向投资者销售的过程中是必需的，但二级市场交易并不需要；在第4A（2）条款中，认为当且仅当发行者并不涉及公开发行时的交易可以豁免注册，但并未具体规定哪些条件符合不涉及公开发行，因而在实际执行过程中，都比较严格。

具体来讲，第4A（2）条款、第4A（5）条款（对于500万美元以下向有资质的投资者销售）、第3B（1）条款允许证券交易委员会对小规模发行或特定特征发行给予注册豁免，这些特征包括：没有公开发售或广告、熟练投资者、有限的发行数量、仅对投资者披露信息。只要满足证券交易委员会这几条要求就能自动豁免。但仍然存在其他的条件来满足豁免。

第4A（2）条款的执行，主要靠SEC和法律判例来维持。1953年美国最高法院降低了关于非公开发行的标准，在RALSTON PURINA案例中，美国最高法院超越通过投资者数量和发行金额来判定私募和公募的界限，将焦点集中在投资者范围和投资者所获得的信息，从而使第4A（2）条款中非公开发行内涵具体化为：①投资者可以从发行者那里获得充分的信息；②投资者足够成熟老练，所以能够充分理解这些信息。但是对信息的具体形式，仍然要求必须与公募市场的信息类型相同。在1953年判例下，私募发行的主要界定标准为向足够成熟老练的投资者发行并且提供类似于公募市场那样的信息。

## 二、发展期：20世纪80年代SEC的D规则进一步拓展市场

1974～1980年SEC先后出台了三个具体条件下的豁免条款，1982年签署了D规则，D规则没有排他性和唯一性，在第4A（2）条款下的发行

仍然有效，这些发行一般也都满足 D506 条款。

D 规则其他的豁免条件包括以下内容：

504 规则：对于非熟练的投资者 12 个月内进行 100 万美元的债权发行，且没有公开募集和广告，这个规则对投资者没有要求并且不用信息披露，也对投资者数量没有要求；只需向 SEC 提交一个简单的表格。

505 规则：1 年内 500 万债权可以私募发行，但需满足：无公开发售、不限数量的认可投资者或 35 个以内非认可投资人；所有非认可投资者必须给予特定和详细的信息；必须向 SEC 提交一个简单的表格；也必须执行州一级的法律。

506 规则：货币账户发行，满足不限数量的认可投资者或 35 个以内非认可投资者但熟练投资者；如果仅销售给认可投资者就不需要信息披露，但如果购买者中包含有非认可但是熟练投资者时，需要向熟练投资者提供特定、详细的信息，也需要在 15 天以内提交一份简单表格给 SEC、不能公开募集、不能广告、投资者必须用自己的账户来购买证券、发行人必须向投资人说明证券是没有注册的、证券不能转售除非证券注册或被特许。在前两个条款中，尽管有免于注册和提供说明书的豁免，但仍然要执行相关法律，要填写相关文件和付出相关的费用。

仍然存在一些私募发行在监管规则 D 和第 4A（2）条款之外，但主要的私募债发行都在 D 规则和第 4A（2）条款豁免下进行的。例如，美国《1933 年证券法》中第 4A（6）条款豁免了一次总量在 500 万美元以下的发行，第 3A（11）条款对那些在本州居住并从事商业活动的居民发售的仅卖给本地居民的证券给予了豁免。

1984 年 SEC 对于 D 规则的解释，使 D 规则下的三类私募债的发售得以豁免登记注册和信息披露，其目的在于为那些难以在公开市场和商业借贷市场获得资金的中小企业服务，但自 1984 年以后 SEC 没有统计 D 规则下发行证券的数量情况。

尽管 D 规则出台的目的是为中小企业融资提供方便，但实际上一些大型企业也逐渐在该市场上融资，据统计，1985 ~ 1995 年美国 4.3 万亿美元公司债中有 23% 是私募债，这些债券主要卖给 1 个或少数几个投资者。例如，1990 ~ 1992 年人寿保险公司购买了 50% ~ 80% 的私募债券。

### 三、繁荣期：1990 年 144A 规则提供流动性

关于私募债转售的限制。如果私募债可以方便快捷地被转售，那么私募和公募的区别就不大了，为了避免这种情况的发生，第 4A（1）条款规定，仅当销售者是发行人、承销人和投资人时，才可以豁免。但如何区分承销人和投资者呢？因为承销人渠道广泛，其转售快捷且迅速，所以规定若销售私募债券的人持有证券超过一定时间（如 2 年），则其一定是投资者，允许再次转售。为了使这种区分更加广泛，出台了 144A 规则。根据这一条款，给予投资者 6~12 个月的限售期，如果投资者在这一时期内没有转售，那么他们就不是承销商，并且可以自由地出售私募债券。

表 8-3　1990 年 144A 规则的背景、内容、依据和影响

| | |
|---|---|
| 背景 | ①私募债转售仍受到很大限制，承销商不能对私募债进行包销或者转售方必须至少持有私募证券 2 年；②降低国际融资者在美国融资过程中总的信息披露成本 |
| 内容 | 只要债权最终买者是 QIB，且满足以下三个条件就可以注册豁免：①发行者应向交易买方提供最近财务和经营状况；②证券必须不能与现有公募债券相同；③交易过程中卖方要告知买方交易是在 144A 规则下进行 |
| 依据 | ① QIB 更加不需要通过证券注册的形式来保护；② QIB 不被视作是公众投资者；③在机构投资者之间的交易不涉及个人投资者和公开发行 |
| 优点 | ①降低了国外融资者美国融资的信息披露成本；②私募发行可以由机构包销，之后在 QIB 中转售；③买方无须出具证明购买其目的是投资的相关文件 |

续表

| | |
|---|---|
| 影响 | ①提高了私募债的流动性，降低了风险溢价；②繁荣了私募市场，1992 年 144A 私募债发行 330 亿美元，是 1991 年的 2 倍，是传统私募债市场的 2/3，到 1997 年 144A 债券发行达到 600 亿美元[①]；③来自国外融资者的私募发行大幅增加，国外发行由 1991 年的 3.78 亿美元增加到 1997 年的 121 亿美元；④私募债可以由中介机构包销，并且转售 |
| 与传统私募债的区别 | ①与传统私募债相比，144A 债券可以由投资银行进行包销，这是 144A 市场与传统私募债市场的主要区别[②]；②具有更多公募市场的特征，信息集中度更弱 |

资料来源：笔者根据相关资料整理。

为什么需要 144A 规则？正如前文所述，第 4A（2）条款和 D 条款仅仅就私募债的发行者提供了豁免，那些希望转售私募债的投资者就只能在第 4A（1）条款中寻找豁免。在第 4A（1）条款中，对发行者、承销商和交易商之外的私募交易提供了豁免，因为这三方在技术层面上都可以向公众转售私募债从而使其拥有公募的特征。所以投资者想转售私募债还不能直接从第 4A（1）条款中获得豁免。

对私募债交易的豁免由非正式的第 4（1*1/2）条款豁免和 SEC 的 144 条款、144A 条款豁免。其中第 4（1*1/2）豁免条款联合了 4A（1）和 4A（2），由于后两者单独来讲都不能为豁免提供充分的法律依据。第 4（1*1/2）豁免条款设定，只要发行者满足第 4A（2）条款，那么私募债的转售就被允许且不需要注册；也就是说，只要交易是在同一类投资者之间产生，并且持有私募债的意图是为了投资，那么转售者就不会被看作承销商，因而可以依赖第 4A（1）条款豁免注册。

① Susan Chaplinsky，Latha Ramchand. The Impact of SEC Rule 144A on Corporate Debt Issuance by International Firms[J]. The Journal of Business，2004，77（4）：1073–109.

② Carey M.，Prowse S.，Rea J. and Udell G. The Economics of the Private Placement Market [EB/OL]. http://www.federalreserve.gov/pubs/staffstudies/1990–99/ss166. pdf.，1993.

144 规则（1980S）：规定投资者可以在债权发行两年后在一定条件下转售（这种限售条件包括：潜在的买者必须能够获得足够的公共信息、转让数量限制、必须通过交易经纪人来进行），在三年后无限制条件转售。

144A 规则的主要内容。144A 规则为二级市场交易提供注册豁免条件：只要买者是 QIB（其中 QIB 是认可投资者的一个子集）。144A 条款的限制条件有三个方面：①为了确保最基本的信息披露原则，交易中私募债的发行者应当向买者提供最近的财务状况和经营状况；②为了阻止在公开市场中产生另一个机构投资者交易市场，还规定私募市场交易证券不能与公开股票和 NASDAQ 市场证券相类似；③私募市场的卖方必须采取合理的方式告知买方交易是遵从 144A 规则进行的。

SEC 执行 144A 规则的依据。144A 规则法律逻辑在于：① SEC 认为精明的机构投资者无须通过注册保护，注册主要是用来保护非熟练的个人投资者的；②在机构之间进行的私募债券交易不涉及个人投资者；③ QIB 之间的交易由于不涉及公开发行而不需要进行注册；④ QIB 并不被视作公众，因此，他们之间的交易不涉及公开发行，卖方也不会被视作承销，因而可以依据 4A（1）条款豁免。

SEC 出台 144A 的现实意义。①减少 4（1*1/2）豁免条款的不确定性；②增加私募债市场的流动性；③吸引国外投资者到美国发债，进而为美国投资者提供更多的投资机会；在此之前，国外投资者不愿意到美国发债，是因为较高且费时的注册成本以及满足 SEC 披露文件、财务文件要求和基于美国标准的信息披露制度；④在 144A 规则下，QIB 之间交易的注册豁免，也使承销商可以根据 4A（2）或 D 条款包销私募债，即根据 144A 规则，包销商将债权转售给 QIB。在 144A 条款下，买者也不需要出具信函来表明购买私募债权的目的是投资。

1990 年 144A 规则给予了私募债市场更多的流动性并且加速了私募债市场的发展，特别是外国融资者在美国私募债市场的快速增长。根据

NASDAQ 的报告，2006 年根据 144A 规则发行的私募证券将近 10 万亿美元，与 2002 年相比增长了 3 倍。

## 四、巩固期：1996 年 NASMIA 法案减少双重监管

在美国《1933 年证券法》之后，对于私募债的监管主要包括联邦层面和州级层面，其中联邦层主要关注信息的披露，而州级监管主要关注公平和正义，如防止欺诈。

1980 年美国国会在《1933 年证券法》的基础上要求 SEC 与州证券检察机构建立协调机制，并召开年度会议，但无疑相关工作的进展是比较缓慢和不充分的。

双重监管的存在有时是多余的，还经常存在不一致性，对于那些全国发行的证券来讲，也是非常昂贵和无效率的；同时 1995 年美国出现了金融去监管化和金融自由化的倾向，在华尔街投行的推动下，美国通过了全国证券市场改进法案，将州这一层级对证券事务的监管虚化。相关研究一再表明，欺诈多发生在中小型规模发售过程中，将州这一层级的监管虚化之后，也为麦道夫庞氏骗局的出现提供了空间。

表 8-4　1996 年 NASMIA 法案的背景、内容和优缺点

| 背景 | ① 20 世纪 90 年代中期 "金融去监管化和自由化"；② 在美国投行业的游说下产生的 |
|---|---|
| 内容 | 各州不再监管：① 全国范围内发行和交易的证券；② D 条款 506 规则下的证券发行和交易 |
| 优点 | 在 506 规则下的私募证券活动不再受到任何监管，降低了发行成本。例如，PIPE[①]交易由 1996 年的 306 笔 40 亿美元上升到 2007 年 1454 笔交易 800 亿美元 |
| 隐患 | 各州不再对 506 规则下的私募证券进行监管，制造了 "监管黑洞"，为麦道夫庞氏骗局提供了空间 |

资料来源：笔者根据相关资料整理。

———————

① PIPE，是指对公众公司所进行的私募投资（Private Investment in Public Entity），由于非公众公司一般都是中小企业，其私募活动并不需要向公众报告，所以非公众企业的私募融资活动难以统计。

1996年NASMIA法案要求州一级不再对以下证券发行和交易进行监管：①在全国范围内发行、交易的债券，如在全国范围内挂牌的证券、在NASDAQ系统上发售和交易的证券；②在SEC 506规则下可以豁免联邦注册的私募发行和交易。SEC 506规则下的私募发售本来已经不在SEC的监测之下，在NASMIA法案下，SEC 506规则下的证券发行完全从监管者的监测屏幕上消失了。

## 五、拓展期：2012年JOBS条款为互联网金融开路

随着对私募债券本质的深入认识，2012年美国通过Jumpstart Our Business Startups Act of 2012（以下简称2012年JOBS）条款。这一条款在2013年实施，对私募债券的发行方式产生了深远而广泛的影响：首先，当发售仅仅面向认可投资者且最终的购买者也是认可投资者时，私募债券的发售可以做广泛的广告和宣传；其次，对于发售者通过网络进行资金募集的行为进行规范和豁免，为互联网金融的发展提供了法律规范。

2012年JOBS条款：①当货币账户发行仅面向认可投资者时，可以公开募集和广告；②新的豁免情景为，允许发行人通过自己的网站向潜在投资者募集不超过100万美元的资金，从而为公开网上募集提供了法律豁免。由门户网站来募集资本、不要求投资者有任何投资经验（门户网站应就相关的投资对投资者进行教育，并由投资者说明是否了解相关风险，但不要求投资者有任何相关经验。对投资者的保护在于12个月内对特定发行者的投资数量进行限制，根据投资者的财富来决定），并受到反欺诈法律约束和二级市场转售限制。

# 第四节　美国私募债券融资立法和监管：特点和启示

通过美国私募债的立法和监管，我们可以得到三个方面的启示：

## 一、进一步深化和拓展私募债本质的认识

美国立法和监管实践中关于私募债界限的划定也有一个长期演变的过程，在 80 多年历史演变中，从最早期规定 500 人数的上限，发展到 20 世纪 50 年代以后对投资人资格和范围的划定以及对信息披露的重视、再到 2012 年 JBOS 法案更加关注投资人资格的划定而逐步放宽信息披露内容和方式的限定。私募债券融资的本质并不在于发行人信息是否定向非公开披露、信息披露范围和程度是否严格、信息披露是否可以广告、发行地域和范围是否广泛、发行规模大小和投资人数量的多少，而在于最终投资者范围是否涉及公众。美国私募债券融资立法认为，一定范围内机构投资者并不需要保护，所以面向这些机构的债券发行和交易无须注册和监管。私募债券融资市场是一个"货卖识家"的市场。

## 二、对不同规模私募融资投资者资格进行分层处理

美国证券法的立法原则在于保护投资者，但同时也认为一些机构投资者是不需要保护的，并且机构投资者规模越大，需要保护的程度就越小。根据这一原则，随着发行规模的增加，对信息披露对象的资质要求也越来越高，从低到高依次为熟练投资者（可以投资 100 万美元以下的私募发行）、认可投资者（可以投资 500 万美元以下的私募发行）、合格买家（不受发行规模的限制）、合格投资者（QIB，可以投资任何规模的私募发行并且可以在相

互之间自由转售）。

### 三、在成本和收益的平衡中为私募融资设置较低法律障碍

私募监管收益主要来源于降低私募债券市场三个方面的成本：第一，欺诈的成本；第二，投资计划不切实际、没有效率或企业领导能力不足导致投资计划不可行而带来的社会成本；第三，计划可行，但由市场竞争、波动以及其他因素所导致的项目失败的成本。监管和立法机构认为，欺诈行为在公开市场也会存在；对于第二项和第三项成本，需要规则降低市场信息成本，从而使投资者可以更好地对风险进行评估和定价。因此，即使在 2008 年出现了麦道夫庞氏骗局的情形下，美国立法和监管者并没有收紧对于私募证券市场的监管。因为 SEC 相信，作为便利中小企业融资和为机构投资者提供投资机会的私募市场，将更加有效地配置社会金融资源，所获得的收益要比成本大得多。

# 第九章
# 我国私募债市场的发展现状

## 第一节　我国私募债的发展历程：
## 多层次格局逐步形成

改革开放以来，中国经济发展取得了举世瞩目的成就，在经济快速发展的同时，我国的债券市场也取得了较大的发展。从 1988 年财政部在全国 61 个城市进行国债流通转让试点开始，中国债券市场经过三十年的发展，债券品种日益丰富，参与范围不断扩大，形成了一个包括银行间市场、交易所市场、柜台市场的多层次交易的债券市场。

虽然近几年债券市场的发展速度位居全球前列，但总体来看，中国债券市场的发展滞后于实体经济的需求。一方面，实体经济的发展迫切需要形成与我国经济规模相适应的、有深度的、开放的债券市场。另一方面，长期以来我国社会融资结构失衡，间接融资比例高，直接融资比例偏低，社会储蓄向投资的转化过分依赖银行体系，使金融风险过度地向银行集中，并抑制了金融市场的发展，影响了全社会的融资活力。因此，近年来我国不断探索扩大直接融资的新方式与新渠道。

### 一、先金融企业后非金融企业

根据发行主体不同，我国私募债券可分为金融企业私募债券和非金融企业私募债券两大类。我国私募债券的发展历程就是遵循先放开金融企业私募债券发行再放开非金融企业私募债券发行的路径。

金融企业私募债券在我国主要有三类：证券公司定向发行的债券、商业银行私募发行的次级债券以及保险公司的次级债。2004年6月，经国务院同意，人民银行、银监会颁布了《商业银行次级债券发行管理办法》。《商业银行次级债券发行管理办法》第三条规定，次级债券可在全国银行间债券市场公开发行或私募发行。该办法对"私募发行"进一步作出规定，如私募发行的次级债券只能在认购人之间进行转让等。2004年10月，证监会颁布了《证券公司债券管理暂行办法》。《证券公司债券管理暂行办法》第五条规定，证券公司债券经批准可以向社会公开发行，也可以向合格投资者定向发行。2004年，国泰君安证券、长城证券、中信证券等证券公司先后定向发行了证券公司债券。2004年10月，保监会颁布了《保险公司次级定期债务管理办法》。《保险公司次级定期债务管理办法》第三条规定，保险公司次级债是指保险公司经批准定向募集的、期限在5年以上（含5年），本金和利息的清偿顺序列于保单责任和其他负债之后、先于保险公司股权资本的保险公司债务。2004年11月，泰康人寿定向发行了首单规模为13亿元的保险公司次级债。2005年4月，人民银行颁布了《全国银行间债券市场金融债券发行管理办法》。该办法第十三条规定，金融债券可在全国银行间债券市场公开发行或定向发行。2006年9月，人民银行发布了《中国人民银行关于商业银行发行混合资本债券有关事宜的公告》，第三条规定，混合资本债券可以公开发行，也可以定向发行。2010年，威海市商业银行、廊坊银行、阜新银行先后定向发行了商业银行次级债券。随着商业银行私募发行次级债券、证券公司定向发行债券以及保险公司次级债的放开，我国金融企业私募债券发行开始逐渐步入正轨。

## 二、先银行间后交易所

2010 年以后，在防通胀、稳增长、促民生的特定宏观环境下，适当控制货币基数较高的信贷增长，扩大货币乘数较小的债务融资工具规模契合当时宏观调控的要求。一些关系国计民生的融资主体、中小企业特别是小微企业由于难以达到公开发行的信息披露要求，无法进行直接债务融资；同样债券投资品种的缺乏也制约了多样化金融产品的推出。因此，债券市场迫切要求推动非公开定向发行方式创新。2010 年 9 月 17 日，中国银行间市场交易商协会召集 20 余家主承销商，就非金融企业债务融资工具私募发行规则进行研讨。2011 年 4 月 29 日，中国银行间市场交易商协会发布《银行间债券市场非金融企业债务融资工具非公开定向发行规则》，这标志着我国银行间市场非金融企业非公开定向发行债券终于"开闸试水"。2011 年 5 月 4 日，首批非公开定向发行债务融资工具成功推出，发行主体包括中国五矿集团公司、中国国电集团公司和中国航空工业集团公司，发行规模达到 130 亿元。银行间市场诞生了又一创新性债券发行方式和非金融企业债务融资工具，标志着我国债券市场发展又迈上了一个新的台阶。

虽然银行间债券市场先行放开非金融企业私募债券，但是，其发行主体相对偏重于大型企业，无法解决当前小微企业的融资难题。可以说，交易所发行中小企业私募债券对于解决未上市中小企业的融资难题提供了一条创新之路。

## 第二节    中小企业私募债：
## 背景、现状和特点

2012 年年中，我国推出了中小企业私募债券，这具有十分重要的意义，虽然我国中小企业私募债整体而言规模还比较小，发展相对滞后，但为解决中小企业"融资难、融资贵"问题提供了有益探索，受到了理论界和业界的高度关注。

## 一、中小企业私募债的政策背景

### 1.《关于进一步支持小型微型企业健康发展的意见》：拓宽小微企业融资渠道

2012年，国务院出台了《关于进一步支持小型微型企业健康发展的意见》（以下简称《意见》），进一步明确拓宽融资渠道。要求搭建方便快捷的融资平台，支持符合条件的小企业上市融资、发行债券。推进多层次债券市场建设，发挥债券市场对微观主体的资金支持作用。加快统一监管的场外交易市场建设步伐，为尚不符合上市条件的小型微型企业提供资本市场配置资源的服务。与此同时，逐步扩大小型微型企业集合票据、集合债券、集合信托和短期融资券等发行规模。

### 2.《促进科技和金融结合试点实施方案》：加大对科技型小微企业的支持力度

2011年初，为缓解小微企业融资难的问题，加大对科技型中小企业的扶植力度，大力培育战略性新兴产业、提升自主创新能力和助力经济转型，科技部、人民银行、银监会、证监会和保监会五部委联合颁布了《促进科技和金融结合试点实施方案》，并于当年11月联合下发《关于确定首批开展促进科技和金融结合试点地区的通知》，中关村国家自主创新示范区、天津市、上海市、江苏省、浙江省"杭温湖甬"地区、安徽省合芜蚌自主创新综合实验区、武汉市、长沙高新区、广东省"广佛莞"地区、重庆市、成都高新区、绵阳市、关中—天水经济区（陕西）、大连市、青岛市、深圳市16个地区被确定为全国首批促进科技和金融结合试点地区。

### 3.《"十二五"规划》：构建多层次资本市场，鼓励企业直接融资

根据"十二五"规划，要"显著提高直接融资比重"。这意味着，发展

市场、鼓励创新、提高直接融资比重已经上升到国家全局的战略高度，债务资本市场是金融市场的重要组成部分，"十二五"期间，加快发展债务资本市场有利于多层次金融市场体系建设，有利于显著提高直接融资比重。

**4. 地方政府为鼓励中小企业直接融资**

借助集合债券、集合票据、集合信托等直接融资工具，浙江等地正在尝试为成长型中小企业募集中长期资金。例如，浙江省中小企业局启动的"百亿中小企业集合债"工程，其中第一期"浙中小"集合债为 129 家入围企业募集了数十亿元 3 年期资金。为进一步鼓励中小企业直接融资，浙江省有关部门还联合下发了《关于开展 2011 年度小微企业贷款风险补偿工作的通知》（以下简称《通知》），明确要求银行业金融机构扩大补偿资金使用范围，尤其是要把小微企业贷款风险补偿金的 50% 用于奖励小微企业信贷业务人员。

**5. 私募债券在银行间债券市场已非新事物**

中国银行业间交易商协会已在 2011 年 4 月正式发布了《银行间债券市场非金融企业债务融资工具非公开定向发行规则》（以下简称《规则》）。根据《规则》，企业非公开定向发行债券需要在交易商协会注册。企业在注册的两年有效期内，可分期发行定向工具，首期发行应在注册后 6 个月内完成。而交易商协会依据相关规定，对定向工具的发行、登记托管、结算和流通转让实施自律管理。

根据《规则》，私募债与公募债的不同点在于，私募债的发行价格、发行利率和涉及费率，均由买卖双方按市场方式定价并签订《定向发行协议》，发行价格以市场化方式确定。

在债券评级和信息披露等具体方面，《规则》明确提出，不强制要求信用评级等市场中介服务，信披方式可由买卖双方协商确定。私募债的发行需在交易商协会以实名制记账的方式进行集中托管。《规则》颁布不久，中国国电、中国五矿和中国航空工业等大型国有企业作为首批私募债发行方，已发行了总额度约 130 亿元的银行间企业私募债。

## 二、中小企业私募债发展现状

截至 2015 年 3 月 31 日，国内发行上市的中小企业私募债共 808 只，发行总额度 1195.37 亿元；市场存量债券 666 只，债券余额 1041.74 亿元；私募债实现偿付 144 只，偿付金额 153.63 亿元。图 9-1 给出了上交所和深交所中小企业私募债上市总规模的对比情况。

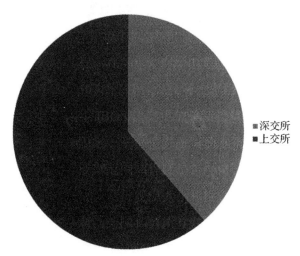

图 9-1　沪深交易所中小企业私募债发行现状

（1）从发行频率来看，流动性和信用风险环境对中小企业私募债发行具有重要的影响，2014 年 3 月中森债违约事件之后，中小企业私募债发行规模迅速下降。

中小企业私募债发行情况受到诸多因素的影响，在最近的两个发行低潮中，2013 年 6 月、7 月和 8 月，受到货币市场"钱荒"的影响，发行利率飙升，在市场流动性风险比较突出的环境下，中小企业私募债发行数量和金额都急剧下降。2014 年 3 月以来，首例私募债违约风险事件"13 中森债"之后，"12 金泰债""12 华斯特"等私募债违约事件令市场对私募债支付违约风险倍加关注，特别是公募市场出现首例违约的超日债之后，在信托市场违约风险较大的市场环境下，私募债发行在 2014 年 7 月达到历史冰点，共计发行 5 只 7.62 亿元。

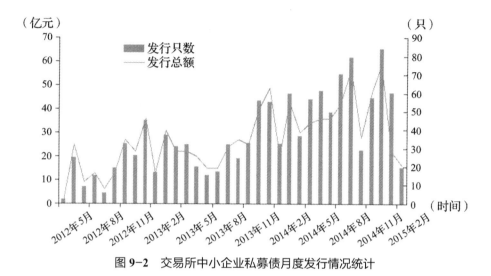

图 9-2　交易所中小企业私募债月度发行情况统计

（2）从发行人类型来看，民营企业和地方国企占比超过 50%，外商独资、中外合资和地方国企的融资成本分别低于市场均值 75、12 和 11 个基点，民营企业私募债融资成本要高于市场均值 12 个基点。

根据《深圳证券交易所中小企业私募债券业务试点办法》《上海证券交易所中小企业私募债券业务试点办法》及其他相关法规规定，中小企业私募债的发行主体必须符合工信部联企业（2011）300 号《关于印发中小企业划型标准规定的通知》的规定，且未在上交所和深交所上市的中小微型企业。从发债主体类型来看，中小企业私募债的发债主体主要为民营企业、地方国有企业、中外合资企业、其他类型企业、外商独资企业及集体企业等，其发债数量和总额依次递减。从发行期限来看，3 年期的最多，1 年期的最少，另有 55.9% 的中小企业使用结构期限安排，且大多采用 "2+1"模式。

表 9-1　各类型中小企业私募债发行情况汇总

| 企业类型 | 发行数量（只） | 发行总额（亿元） | 平均发行期限（年） | 发行平均利率（％） |
|---|---|---|---|---|
| 中央国企 | 5 | 3.14 | 2.80 | 9.46 |
| 地方国企 | 131 | 229.70 | 2.72 | 9.17 |
| 集体企业 | 3 | 4.50 | 2.33 | 9.33 |
| 民营企业 | 205 | 218.79 | 2.68 | 9.40 |
| 中外合资 | 17 | 20.70 | 2.71 | 9.16 |
| 外商独资 | 12 | 12.60 | 2.42 | 8.53 |
| 其他 | 85 | 102.20 | 2.68 | 9.26 |

资料来源：根据 Wind 相关数据整理。

（3）从行业属性来看，工业和可选消费类行业约占半壁江山，能源类、公共事业类、信息技术类行业私募债平均发行利率分别低于市场均值约 56、36、27 个基点。

深交所和上交所规定，发行中小企业私募债的发行方必须是未上市的中小企业，此外还提到了对行业的要求及对不同行业中小微企业的评定标准和方法〔具体可参照《中华人民共和国中小企业促进法》和《国务院关于进一步促进中小企业发展的若干意见》（国发〔2009〕36 号）〕，此外，上交所还规定，发行中小企业私募债的发债方不属于房地产企业和金融企业，深交所也有类似的规定。接下来我们分析中小企业行业分类，采用的是 GICS 一级行业分类方法，即将 561 只中小企业私募债按照其发债方所处行业分为材料、工业、公用事业、金融、可选消费、能源、日常消费、信息技术、医疗保健、电信服务 10 个一级行业，发债的具体情况如表 9-2 所示。

首先，从行业的发行期限来看，各行业平均期限均为 2.67 年，其中电信服务类的平均发行期限最长，为 3 年，信息技术类的平均发行期限最短，为 2.52 年。

表 9-2　各行业中小企业私募债发行情况汇总

| 行业分类 | 发行数量（只） | 发行总额（亿元） | 平均发行期限（年） | 平均发行利率（%） |
|---|---|---|---|---|
| 材料 | 60 | 60.8 | 2.65 | 9.37 |
| 工业 | 176 | 252.52 | 2.71 | 9.27 |
| 公用事业 | 31 | 48.46 | 2.55 | 8.92 |
| 金融 | 17 | 25.60 | 2.65 | 9.11 |
| 可选消费 | 75 | 111.36 | 2.65 | 9.17 |
| 能源 | 13 | 15.60 | 2.56 | 8.72 |
| 日常消费 | 45 | 42.04 | 2.78 | 9.64 |
| 信息技术 | 22 | 9.58 | 2.52 | 9.01 |
| 医疗保健 | 16 | 21.97 | 2.63 | 8.96 |
| 电信服务 | 1 | 2 | 3 | 9.50 |
| 全部企业 | 561 | 727.84 | 2.67 | 9.28 |

资料来源：笔者根据 Wind 数据整理。

其次，从发行的数量和额度来看，工业类、可选消费类、材料类占据大部分份额，而日常消费类、信息技术类、金融类、公用事业类、医疗保健类及能源类占比相对较低。

最后，从融资的成本（发行利率）来看，能源类、公用事业类、医疗保健类、可选消费和信息技术类融资成本相对最低，尤其值得关注的是，能源类中小企业的融资成本要明显小于其他行业的融资成本，并低于整体平均值0.56个百分点，这或与能源类行业的未来盈利预期及国家相关产业政策扶持有关，该类中小企业往往被视为具有较大发展潜力和成长性，并且通常其提供的产品也拥有较高的附加值，因此其融资成本相对要低些。与此相对的是，日常消费类行业的平均票面发行利率最高，并高出整体平均值0.36个百分点，进一步的行业细分还显示，发债企业的生产范围主要集中于食品、饮料和烟草，这类传统型产业通常受限于市场容量，增长潜力有限。此外，大部分发债的日常消费类中小企业的融资额度相对较低，这反映了该类型中小企业在发债融资面临的困境，即"发债规模小，发债成本高"，在附加条款中，超过一半企业通过回售、上调票面利率或提前偿还债券等方式，进而增加其债券的吸引力，然而在担保及主体信用评级等方面仍存在较大缺憾。总体来说，高成长性、高科技含量、高盈利预期以及有国家产业政策扶持和鼓励的相关行业中小企业发行私募债将拥有更多优势。

另外，从整个增信情况来看，共有 355 只中小企业私募债提供了担保，担保率为 77.5%。从担保类型来看，不可撤销连带责任担保方式共发行 330 只私募债共计 443.33 亿元。详细担保情况如表 9-3 所示。

表 9-3　各类型中小企业私募债担保情况

| 私募债担保类型 | 发行数量<br>（只） | 发行金额<br>（亿元） | 平均期限<br>（年） | 平均利率<br>（%） |
|---|---|---|---|---|
| 保证担保 | 3 | 2.05 | 2.33 | 9.37 |
| 不可撤销连带责任担保 | 330 | 443.33 | 2.70 | 9.28 |
| 抵押担保 | 15 | 16.46 | 2.80 | 9.52 |
| 质押担保 | 5 | 4.45 | 2.40 | 8.46 |
| 连带责任担保 | 2 | 0.73 | 3 | 10.75 |
| 无担保 | 103 | 124.60 | 2.63 | 9.21 |

资料来源：笔者根据 Wind 数据整理。

除极个别情况外，我国中小企业私募债的绝大部分项目都提供了增信措施，增信方式主要包括第三方保证（大型企业、专业担保公司以及个人无限连带责任担保）、抵押（土地、房产抵押）、质押（上市公司股权、应收账款质押）、债转股条款设计等诸多形式。既可以单独使用，也可以组合使用，如自有资产抵押增信与第三方担保增信结合使用，含权条款与第三方保证担保结合运用等。从债券投资市场的反响来看，以优质资产抵（质）押、资信评级良好的第三方担保作为增信措施是目前机构投资者，包括券商自营、资管产品以及基金专户最为认可的增信方式。

### 三、证券公司是中小企业私募债的主要投资者

中小企业私募债高风险、高收益和投资者自负盈亏的特点需要投资者有较高的风险识辨和控制能力。《上海证券交易所中小企业私募债券业务试点办法》（以下简称上交所的《试点办法》）和《深圳证券交易所中小企业私募债券业务试点办法》（以下简称深交所的《试点办法》）通过"合格投资者"的规定，对能参与该品种债券投资的机构和个人投资者做出了界定。

合格投资者可以通过两种渠道进行中小企业私募债的转让：一种是直接通过交易所的固定收益证券综合电子平台转让，另一种是通过证券公司进行转让。

表 9-4　中小企业私募债合格投资者

| 机构投资者 | ① 金融机构：商业银行、证券公司、基金管理公司、信托公司和保险公司等；<br>② 理财产品：银行理财产品、信托产品、投连险产品、基金产品、证券公司资产管理产品等；<br>③ 企业法人：注册资本不低于人民币 1000 万元；<br>④ 合伙企业：认缴出资总额不低于人民币 5000 万元，实缴出资总额不低于人民币 1000 万元；<br>⑤ QFII：证监会在 2012 年 7 月 27 日新发布的《关于实施〈合格境外机构投资者境内证券投资管理办法〉有关问题的规定》中，允许 QFII 投资中小企业私募债，具体操作情况有待落实 |
|---|---|
| 个人投资者 | ① 资产要求：个人证券账户、资金账户、资产管理账户总额不低于人民币 500 万元；<br>② 经验要求：2 年以上的证券投资经验；<br>③ 风控意识：理解并接受私募债券风险。<br>发行人的董事、监事、高级管理人员及持股比例超过 5% 的股东，可参与本公司发行私募债券的认购与转让 |

资料来源：笔者根据《中小企业私募债业务指引》整理。

由于私募债利率水平低于市场预期，多数机构投资者仍处于观望阶段。因此，对于中小企业私募债而言，证券公司目前是其主要投资者。投资形式除了机构持有之外，还包括推出相应的集合理财产品。

基金公司方面，根据《关于证券投资基金投资中小企业私募债券有关问题的通知》，除货币市场基金外其他基金均可参与投资，单只基金持有单只中小企业私募债的比重不得超过资产净值的 10%（专户投资和"特殊品种"不受投资比例限制），但出于流动性、供给量和信用风险的考虑，公募基金参与的热情不高。

银行方面，由于银监会"8 号文"的出台，如何处理非标资产成为难题，而由于中小企业私募债属于标准化资产，不受银监会"8 号文"限制，并且以私募债对接理财资金的操作相对简单易行，故中小企业私募债越来越受商业银行欢迎。银行将原有授信客户的信贷项目打包成中小企业私募债，借助券商发行后，用自己的理财资产进行购买，银行信贷资产得以出表。随着私募债市场的逐步发展壮大，预期在 2～3 年后将会对不同投资主体产生深远的影响。

对于个人投资者而言，可以直接投资，但存在一个 500 万元资产规模的门槛，此外还可以通过投资资产管理产品间接投资中小企业私募债。中小企业私募债发行开始后的 1 个月时间内，部分券商就推出了相关理财产品。首次参与金额不低于 5 万元。

## 四、中小企业私募债业务的主要特点

### 1. 发行群体：金融房产被关门外

上交所和深交所的《试点办法》明确试点期间中小企业私募债券的发行人为未上市中小微型企业，具体来说，是指符合《关于印发中小企业划型标准规定的通知》规定的，但未在上海证券交易所和深圳证券交易所上市的中小微型企业，暂不包括房地产企业和金融企业。

表 9-5　部分私募债理财产品介绍

|  | 产品名称 | 最低参与金额 | 私募债标的 | 平均月度收益率（%） |
|---|---|---|---|---|
| 券商集合理财 | 广发金管家弘利债券 | 首次 5 万元，可多次参与 | 12 四方债、13 汤山债 | 0.38 |
|  | 民族金港湾 1 号 | 最低 5 万元 | 暂无 | 0.48 |
|  | 广发金管家私募债 1 号 | 首次 100 万元，追加 1 万元起 | 12 海纳债 | 0.59 |
|  | 创业创金安享收益 | 首次 100 万元，追加 1 万元起 | 13 华岳债、12 嘉林债等 | 0.81 |
| 银行理财 | 浦发银行同享盈计划 | 5 万元，以 1 万元整数倍递增 | 4.6 | |
|  | 农行"进取增利" 2 号 | 20 万元，以 1 万元整数倍递增 | 不设预期收益率 | |

资料来源：笔者根据 Wind 数据整理。

中小企业私募债不能在交易所上市交易，但可以通过交易所固定收益证券综合电子平台或者证券公司柜台进行转让，且每期私募债券的投资者合计不得超过 200 人。

### 2. 准入门槛：个人资产不少于 500 万元

在投资者准入门槛方面，上交所和深交所的《试点办法》规定，参与私募债认购和转让的合格投资者，包括商业银行等金融机构、金融机构发行的理财产品、注册资本不低于 1000 万元的企业法人等。

上交所的《试点办法》显示，除了以上机构投资者之外，对于合格个人投资者也给出了条件：个人名下的各类证券账户、资金账户、资产管理账户的资产总额不低于 500 万元；具有两年以上的证券投资经验；理解并接受私募债券风险。发行人的董事、监事、高级管理人员及持股比例超过 5% 的股东，可参与本公司发行私募债券的认购与转让。

**3. 发行方式：采取备案制**

上交所和深交所的《试点办法》明确规定，中小企业私募债券发行利率不得超过同期银行贷款基准利率的 3 倍，并且期限在 1 年（含）以上。中小企业私募债发行采取备案制，交易所在接收备案材料的 10 个工作日内完成备案，并在交易所综合协议交易平台为私募债券提供转让服务。

自 2012 年 5 月 23 日起，深交所先以书面形式接受发行人备案申请，6 月中旬会员业务专区网站改造及相关准备工作完成后，深交所将正式启用备案申请在线提交电子化渠道。

**4. 风险控制：投资者适当性管理**

上交所和深交所的《试点办法》要求对试点初期参与私募债的投资者实行严格的投资者适当性管理，合格投资者应当签署风险认知书；同时，《试点办法》还在借鉴公司债现有受托管理人、债券持有人大会等投资者权益保护措施的基础上，要求发行人设立偿债保障金专户、建立偿债保障金机制等，用于派息兑付资金的归集和管理。证券公司应要求合格投资者在首次认购或受让私募债券前，签署风险认知书、承诺具备合格投资者资格等。

**5. 成交方式：做市商成交申报和 T+0 交易**

根据《深圳证券交易所中小企业私募债券试点业务指南》（以下简称《业务指南》），中小企业私募债券在深交所综合协议平台以全价方式进行转让。单笔现货交易数量不得低于 5000 张或交易金额不得低于人民币 50 万元。

在交易初期，深圳证券交易所综合协议交易平台仅接受投资者"成交申报"指令，不接受"意向申报"和"定价申报"指令。私募债券成交价格由买卖双方在前收盘价的上下 30% 之间自行协商确定。

《业务指南》还规定，承销商可以通过深圳证券交易所综合协议交易平台对私募债券转让进行做市，私募债券转让可以当日回转。深交所按照申报时间先后顺序对私募债券转让进行确认，对导致私募债券持有账户数超过200人的转让不予确认。

**6. 产品设计：非标准化产品设计**

根据《业务指南》，私募债券可以采用非标准化的产品设计。

非标准化产品设计主要体现在以下四个方面：第一，私募债券可以由发行人单独发行，也可以由两个及以上发行人集合发行；第二，私募债券的计息可以选择贴现式或者附息式固定利率、附息式浮动利率等方式；第三，私募债券可以设置附认股权或者可转股条款，但是应当符合法律法规以及中国证监会有关非上市公众公司管理的规定；第四，私募债券可以设置附发行人赎回、上调票面利率选择权或者投资者回售选择权。

试点期间，私募债券的转股、回售、赎回业务暂不通过深交所交易系统提供服务，由承销商通过场外方式自行处理，并向中国结算深圳分公司办理变更登记。若私募债券在转股、回售、赎回业务完成后，发行人可申请终止转让服务。

# 第三节 私募结构化证券和其他私募债：现状和发展

## 一、私募结构化债券：现状和特点

我国资产证券化业务仍处于起步阶段，但CDOs产品近年发展迅速。2004～2014年，我国发行268个资产支持证券产品，累计金额达2211.56亿元；其中CDOs产品139个，发行金额1742.59亿元；个人住房抵押贷款（RMBS）

债券 8 只，项目金额 71.77 亿元；资产支持债券（ABS）76 只，发行金额 259.21 亿元；资产支持票据（ABN）45 只，发行金额 138 亿元 [①]。

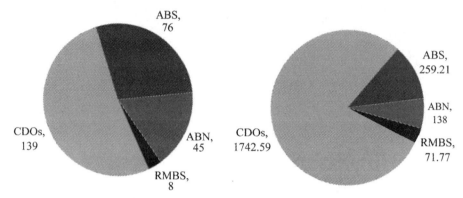

图 9-3　中国资产证券化产品发行情况（2004 ~ 2014 年）

（左、右图单位分别为只、亿元）

　　但我国以 CDOs 为代表的资产证券化产品的发展还处于较为初级的阶段，主要表现在：

　　第一，没有证券化的结构化，大部分 CDOs 都是在抵押贷款或投资受益权的基础上直接进行分层设计，而非在其他证券化资产打包的基础上进行分层设计，并且层次结构比较初级。当前我国 CDOs 产品以三层和四层为主，而美国 1999 ~ 2007 年 CDOs 平均有 7.4 层；同时我国还不存在以 RMBS、其他 CDOs 或其他证券资产作为基础资产池进行打包的 CDOs 产品。

　　第二，CDOs 基础资产池中各个资产应高度不相关，进而减少相关风险，但国内资产证券化产品中，以典型的信贷资产证券化为例，无论是规模还是期限上，基础资产池中的资产大部分属于同一类型的信贷资产，资产相似性和相关度都比较高。

　　第三，优先级产品的发售尚不存在外部增信、担保等措施，尽管在分层

---

　　① 数据来源：Wind。

设计的结构化产品中，可以由劣后资金来吸收损失从而实现产品的优先级收益的相对安全；但对于资产池而言，若资产池的资产价值发生重大变化或项目投资失败，特别是系统性风险的发生，可能导致劣后方缺乏充分的能力来吸收损失，内部增信措施就存在一定的局限性。

## 二、定向融资工具（PPN）

2011 年 5 月，交易商协会推出非公开定向债务融资工具（PPN）。根据《银行间债券市场非金融企业债务融资工具非公开定向发行规则》，非公开定向发行是指具有法人资格的非金融企业，向银行间市场特定机构投资人发行债务融资工具，并在特定机构投资人范围内流通转让的行为，在银行间债券市场以非公开定向发行方式发行的债务融资工具称为非公开定向债务融资工具。

### 1. 特点：与公开发行融资工具相比

公开发行和非公开发行是两个相对的概念，这就决定了公开发行和非公开发行债务融资工具有许多不同。

（1）从形式上看，公开发行是在注册之后向非特定投资人招募，其发行条件通常是标准化的，以便非特定投资人参与认购，定向发行是向特定投资人发行金融产品，发行人与投资人的协商在注册之前基本完成。

（2）从运行机理上说，定向发行进一步强化了发行人和投资人的自主协商机制，体现了市场化原则和契约自由原则，是更高层次的市场开放和市场约束。

（3）在谈判机制设计方面，定向发行的发行人与投资人通过谈判确定"定向发行协议"，协议中的利率、期限、信息披露方式、再融资等条款设计更具灵活性和个性化，便于满足发行人与投资人的个性化需求。

（4）在市场定价方面，非公开定向工具的发行价格、发行利率、所涉费率遵循自律规则并按市场方式确定，与公开发行债务融资工具相比存在一定的流动性溢价。

（5）在约束机制方面，非公开发行更能发挥市场主体自主协商的契约意识，减少事前管制，不再强制要求信用评级，把风险防范的部分微观职责交给投资人。

（6）在市场发展动力方面，非公开发行定向融资工具不对产品结构做过细的规定，鼓励市场成员自主创新，通过引导市场主体自发创新，形成可持续的市场创新动力。

**2. 比较优势：PPN 与银行间其他产品**

（1）简化的信息披露要求。目前，由于投资者风险偏好趋同、信息保密的需要和金融市场管制等因素，中小企业、战略性新兴产业发行人、保密性要求较高的部分发行人利用债务市场融资的局限性很大。发行定向融资工具只需向定向投资人披露信息，无须履行公开披露信息的义务，披露方式可协商约定，这将减轻发行人尤其非上市公司发行人的信息披露负担，同时非公开定向发行有利于引入风险偏好型投资者，构建多元化的投资者群体，化解中小企业、战略性新兴产业发行人等融资主体在传统公开发行方式下的融资困局。

（2）发行规模可突破"40%"的限制。《中华人民共和国证券法》中仅对公开发行公司债券有"累计债券余额不超过公司净资产40%"的限定，对非公开发行债券并无明确规定，因此定向工具规模可突破净资产40%的限制。

（3）非公开发行方案灵活。由于采取非公开方式发行，利率、规模、资金用途等条款可由发行人与投资者通过一对一的谈判协商确定。当前，银行间债券市场公开发行的主要产品是信用评级相对较高、收益率相对较低的基础产品，对投资组合的管理相对较难。

PPN 推出的目的是满足企业的债务融资需求。根据《中华人民共和国公司法》的规定，公司公开发行债券的金额不得超过公司净资产的40%，因此，债券发行比率接近这一上限的企业只能通过非公开发行的方式从债券市场继续融入资金。PPN 的发行在交易商协会注册完成，发行审核和信息披露的要求均低于短融和中票，注册条件也大为简化。截至 2014 年 7 月 31 日，PPN 共计发行 1537 只，累计发行规模 15555.66 亿元，占同期债券市场发行总额的 5.41%。从期限来看，期限最长的为 10 年，最短的为 2 个月；3 年期品种的发行量最大。

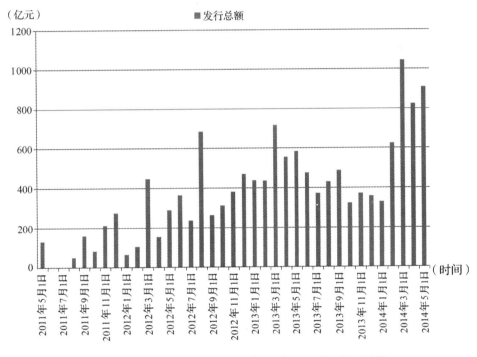

图 9-4　定向非公开融资工具（PPN）月度发行情况统计

虽然是非公开发行债券，但 PPN 的违约风险相对而言较低。一方面，已发行债券的评级普遍较高，公布主体评级的 PPN 中，AAA 级债券有 66 只，占比达 55%，AA+ 级债券也有 29 只，占比为 24%；另一方面，PPN 的主承销商主要是银行和中信、中金两家券商，承销商的资金实力和声誉形成进一步的偿债担保。

### 3. 比较劣势：流动性低、溢价高

（1）债券流通和转让受限。非公开定向发行缩小了信息披露范围，简化了发行注册条件，因此，需要相应地限定定向工具在定向投资人范围内流通转让，这一特殊性决定了债券流通和转让存在限制，使产品流动性有所降低，影响定向工具的市场深度。因此，以美国为代表的成熟市场通过相关法律法规构建了非公开定向工具有限流通的机制，平衡定向工具投资人保护要求与市场参与者对流动性的需要。一方面，通过设定限售期限制交易流通时间、界定"合格投资者"限制交易流通受让人等措施，合理界定了非公开定向工具的固有属性。另一方面，逐步明确非公开定向工具的豁免转售条件，适度拓展其流通性。中国定向发行市场的建设将来也有可能逐步引入合格机构投资人制度，扩大定向产品交易流通范围，明确豁免转售条件，适度提高定向产品的流动性。

（2）发行价格存在流动性溢价。非公开定向工具的定价坚持市场化原则，发行价格、发行利率、所涉费率遵循自律规则，按市场方式确定。由于非公开定向融资工具的流动性受限，使比公开发行的产品具有更高的流动性溢价。鉴于非公开定向发行具有信息披露要求较低、注册程序便捷等特点，诸如债股联合类工具、结构化融资工具等创新产品均可先由定向发行方式渐进推动，这样既可以将风险控制在较小范围内，避免引起市场波动，也便于投资者对各类产品灵活配置，提高自身的风险管理能力及盈利水平。

和同等级公开发行的短融中票相比，PPN 的主要优势在于票面利率相对较高，主要劣势在于流动性相对较差。目前，市场上 PPN 的票面利率较短融中票平均要高 50 ~ 100 个基点，相对投资价值较高。由于 PPN 属于私募发行，目前其仅能在加入 PPN 投资者名单的少数投资者之间进行流通，因而流动性相对较差。从交易商协会传递的信息来看，交易商协会正在通过建立 150 家准入投资人"大名单"等方式来解决投资人过少的问题，估计该措施推出后，PPN 的流动性将有所改善。

# 第十章　中美私募债市场发展的
# 比较研究

## 第一节　私募债市场：结构和参与者

### 一、市场总体结构

从市场现状来看，美国传统私募债市场具有以下特征：①年发行规模约为 400 亿美元，平均每笔发行约 2 亿美元；②发行期限以 5 ~ 10 年为主，国际融资者超过 50%；③私募发行以无抵押为主，产品形式多样化，涵盖债券、ABS、MBS 等；④投资者主要以保险、养老基金等长期资金持有者为主；⑤一级市场上美银美林长期占据主导地位，发行一般仅需 3 个月左右；⑥二级市场上交易相对活跃，一般为 T+3 交易。

我国与成熟国家的私募债市场有很大不同，这些不同主要表现在市场结构（美国债券市场具有明确的分层结构，这种分层是法律和市场信息结构原因造成的，我国私募债市场还比较单一，其监督和发行受到行政管理的区隔）、发行主体（美国范围较广，包括中小企业、上市公司、国外公司和金融公司，我国范围比较有限）、发行期限（美国以 6 ~ 10 年中长期为主，我国目前以 1 ~ 3 年为主）、发行利率（美国私募债收益率溢价一般仅为 20 ~ 60 个基点，我国私募债收益率信用溢价则高达 500 ~ 600 个基点）、参与主体（美国私募债市场投资人主要以各类保险公司为主，我国私募债市场目前范围较为有限）、衍生品配套（美国信用体系较为完善，从而使信用衍生工具、互换类衍生品的使用较多，我国目前还缺乏信用风险对冲工具）、融资规模（美国私募债市场融资规模近年来都超过公募股票和债券市场，而我国私募债市场规模还非常小）等方面。

## 二、私募债投资人资质

在私募债券融资过程中，不同发行规模的信息披露程度以及对于对象的要求也各不相同，随着发行规模的增加，对信息披露对象的资质要求也越来越高，从低到高依次为熟练投资者（Sophisticated Investor），主要包括机构投资者和高净值个人；认可投资者（Accredited Investor），主要包括机构投资者和资产超过 100 万美元的个人；合格买者（Qualified Purchaser），主要是指有 500 万美元投资的个人或 2500 万美元投资的机构；合格投资者（Qualified Investment Buyer，QIB），主要是指拥有 1 亿美元证券资产的机构投资者（见表 10-1）。

表 10-1　美国私募债券融资不同层级投资者范围的界定

| 名称 | 具体范围界定 |
| --- | --- |
| 认可投资者<br>（Accredited Investor） | 根据 1982 年标准，认可投资者是指：①个人净资产 100 万美元，或年收入不少于 20 万美元（两年不少于 30 万美元）；②相关机构，如银行、保险公司、退休基金 |
| 合格买者<br>（Qualified Purchaser） | 根据 1996 年 NASMIA 法案，合格买者是指那些有 500 万美元投资的自然人或管理 / 拥有 2500 万美元资产的机构 |
| 合格投资者<br>（Qualified Investment Buyer，QIB） | 根据 1990 年标准，合格投资者是指：①金融机构、公司和合伙制企业拥有或投资至少 1 亿美元的证券，从而使私募市场投资者主要包括人寿保险、养老基金、投资公司、国内外银行、储贷协会、信托公司；②在证券投资要求之外，银行和储贷协会还要求最低有 2500 万美元的净资产；③与其他机构相比，证券经纪商只需要拥有 1000 万美元证券资产即可成为 QIB |

资料来源：笔者根据相关资料整理。

在投资者准入门槛方面，我国划分范围还较为简单，没有作分层处理。如上交所将合格个人投资者的条件设定为：个人名下各类证券账户、资金账户、资产管理账户的资产总额不低于 500 万元；具有两年以上的证券投资经验；理解并接受私募债券风险。但并没有对相对应的熟练投资者、认可投资者等进行分层。

### 三、投资者和融资者权责的均衡

从投资者角度来看，美国私募债市场具有以下几个特征：①具有更低的历史信用违约损失率（与公募债券市场相比）；②具有高于同等公募债券 20 ~ 60 个基点的高收益；③可以通过投资期限较长的私募债来与其负债结构相匹配；④较高的投资者集中度（传统私募债市场大约活跃着 50 个机构投资者），可以发挥其信用评估和持续风险处置能力的规模经济优势。

从融资者角度来看，美国私募债市场具有以下特征：①可以发行非标准化、定制化债券来满足其中长期资金需求，私募市场融资者主要是存在信息问题（Information–Problematic Firms）的中小企业、有复杂融资（Complexity Financing）计划的公司，它们难以通过公开市场和银行信贷来融资；②融资成本相对较低，与同等信用评级的公募债券相比，仅有 20 ~ 60 个基点的收益率溢价，能够有效地解决中小企业融资成本高的问题；③无须向 SEC 注册和满足信息披露要求，有效地降低了发行成本。

在我国私募债市场，由于私募债利率水平低于市场预期，多数机构投资者仍处于观望阶段。因此，对于中小企业私募债而言，证券公司目前是其主要投资者。投资形式除了机构持有之外，还包括推出相应的集合理财产品。兼有承销商和投资者双重身份的券商将持续关注其发展，中小企业私募债也将成为券商资产管理和投资银行业务综合发展的契机。

# 第二节　私募债发行和信用环境建设

## 一、混合发行

20 世纪 90 年代在金融创新实践中，以美国 144A 债券为代表，允许在二级市场交易的新型私募债产生了，由于它融合了公募发行和传统私募发行双重优点，因而被称为混合型私募债。在实践中，混合型私募发债的目标在于最小化发行人的监管负担和发行成本，同时通过一定程度的保护和二级市场交易的灵活性来最大化其对投资者的吸引力，因而得到了广泛的应用。

随着实践的发展，混合型私募债演化出三种类型：一是以美国为代表的允许二级市场交易的私募债，其特点是在传统私募债的基础上增强二级市场流动性，以色列、马来西亚、泰国等国的混合型私募债是这种类型，这些国家往往具有传统私募债市场基础；二是以欧盟为代表的，基于对公开发行相关程序和文件的豁免而形成的私募债，其特点是在公募债券融资基础上降低中小企业发债融资信息披露和时间成本，智利、巴西等国的混合型私募债是这种类型；三是以印度为代表的可挂牌上市的私募债，其目的主要是通过交易所挂牌来提高传统私募债务融资的透明度。

在发展中经济体，混合型私募发债量占比较高的国家和地区分别是马来西亚、印度、巴西和泰国，2010 年其混合型私募债在企业债总体发行规模中的占比分别为 99%、80%、70% 和 36%；值得一提的是泰国，其混合型私募发债占 81%。巴西是 2009 年引入混合型私募发行方式的，而在 2010 年第一季度至 2010 年第四季度其发行量就表现出明显的增长态势。

美国和欧盟的混合型私募发债也占据了相当的比例，2010 年其占比分别达到了 30% 和 65%。1997 ~ 2012 年，以美国 144A 私募债为代表的混合型私募债占高收益债券发行的 70%，这也证明了混合发债方式的强大吸引力，特别是对于那些不够成熟、风险更高，同时在传统融资市场难以获得融资的企业有吸引力。

我国 2012 年 5 月引入的中小企业私募债在本质上属于混合型私募发债，因为我国尚不存在传统型私募发债市场，所以混合型私募发债主要是在公募债券的基础上引入传统私募发行的优点，如面向无资本市场融资经验的中小企业、由审批制转向备案制以降低融资时间和融资成本、投资和交易仅限于合格投资者等。中国的混合发债机制，不仅包含了对完整募集说明书制作豁免，而且还可以在交易所进行挂牌展示，因此其更类似于公开发行。

## 二、信用风险和信用违约防范

以中小企业融资为主的私募债券市场既非一个垃圾债市场，也无较高融资成本。

从信用评级来看，美国传统私募债市场具有以下特征：①是一个投资级债券占据主导地位的高信用等级债券市场（BBB 级或相当于 BBB 以上信用等级债券约占 95%）；②行业协会评级（NAIC）和投资者内部评级占据重要地位；③与相同等级的公募债券相比，传统私募债存在 20 ~ 60 个基点的溢价，这种溢价主要对投资者信用评估和持续监督成本的补偿。

从历史信用违约来看，美国传统私募债市场具有如下特征：①公募债券平均每年的信用违约经济损失约为 116 个基点，而私募债券在进行信用质量加权调整之后，信用违约经济损失也低于公募 46 个基点；②私募债券投资人一般会投入更多的资源和精力对高风险发行人进行持续的监督和干预，从而通过较低违约率和损失率的形式获得回报，这也是公募债券和私募债券市场投资者行为根本不同之所在；③私募债券信用风险事件发生后，采用债务重组和降价处置的比例更高，因而平均损失严重程度更低；④不同类型私募债在经济损失率方面有较大的差别，一般而言资产支持类（ABS）私募债的经济损失率最低（仅为0.2%），传统凭证式债务次之（为0.26%）；⑤与其他资产类型相比，资产支持证券和传统私募债有几乎相同的损失率。

美国私募债市场发展的经验，对我国创新中小企业直接融资方式、培育多层次资本市场，解决中小企业融资难、融资成本高，完善保险、养老基金资产负债结构匹配等都具有重要的启示意义：①可以构建一个信用资质高、融资成本低的中小企业中长期债务融资市场；②着力搭建与中小企业私募融资相配套的投资管理体制；③私募融资方式本质上是个性化和定制化；④培育具有独立信用评估和持续风险处置能力的机构投资者。

### 三、私募债流动性

由于私募债市场既缺乏完善的持有者信息披露，也缺乏持续的交易记录，因此难以使用传统方法来衡量私募债市场的流动性。在使用流动性溢价进行衡量时，研究发现144A私募债市场在总体上有87个基点的流动性溢价，但2008年关于QIB持有期的修正对144A市场流动性溢价有显著而重大的影响。美国144A私募债市场的流动性溢价在起初几年里呈现下降趋势，但在2008年规则修正后出现了较大幅度的上升。金融危机之后，私募债券流动性溢价平均从2008年的2.01%下降至2011年的1.18%。

在私募债流动性的影响因素方面，研究发现：债券发行期限、发行量和发行人是否有股票发行这三个变量对私募债券流动性溢价的影响均在1%的水平上显著，其中，债券发行期限每增加一年将为流动性溢价平均带来4个基点的下降，债券发行人有股票发行则会为私募债流动性溢价平均带来115

个基点的上升，而债券发行量越大，私募债券流动性溢价越小；优先级和普通级虚拟变量也在 1% 的统计水平上显著，其符号也与买入并持有投资组合理论相一致，优先级私募债券将使私募债券流动性溢价上升 244 个基点，而普通级私募债将为私募债流动性溢价带来平均 32 个基点的下降，这可能是由于优先级债券购买者更加倾向于买入并持有，因而要求较高的流动性溢价。

从我国私募债券二级市场月度成交额来看，2012 年 6 月至 2014 年 7 月平均月度成交额为 11.5 亿元，成交量自 2012 年以来逐步走高，在 2014 年 1 月达到峰值 30 亿元，之后逐步下降。随着 2014 年私募债信用风险的暴露，私募债市场流动性有所下降。

从我国私募债成交券种来看，私募债流动性呈现两极分化的态势，活跃券种平均被交易 16.3 次，而没有交易记录的非活跃券种有 88 只。以深交所私募债为例，截至 2014 年 7 月 31 日深交所共发行私募债 207 只，其中有成交记录的私募债 119 只。这 119 只私募债共有 1941 个交易记录，平均每只私募债被交易 16.3 次。


# 第三节　结构化私募债的比较


## 一、金融危机后美国 CDOs 产品处于修复期

美国投行作为资产证券化产品的设计者、发行者、做市商甚至是产品的投资者，在获利动机的驱使下，忽视了承销发行 CDOs 产品与传统公募标准化产品的区别，逐渐放松了对产品基础资产质量的把控和风险控制，在金融危机中付出了惨重的代价。在传统公募债券的承销发行中，债券发行方违约一般不会给承销商带来直接的损失；但对 CDOs 这样高度复杂的私募债

券产品而言，CDOs 内嵌的信用衍生品交易对手方风险、作为 CDOs 做市商和投资者对产品的直接持有等都会给承销商带来直接损失。根据国际衍生品协会（ISDA）2012 年的统计，全球 12 家主要投行 2006～2011 年在 CDOs 产品上的直接资本金损失超过 2100 亿美元（12 家主要投行 2006 年净资本为 8162 亿美元），其中损失较为惨重的包括：瑞士银行（UBS）直接产品损失为 331 亿美元、信用估值调整损失为 78 亿美元，其 2006 年净资产为 407 亿美元；美林证券直接产品损失为 398 亿美元、信用估值调整损失为 135 亿美元，其 2006 年净资产为 390 亿美元，故而破产；苏格兰皇家银行直接产品损失为 198 亿美元、信用估值调整直接损失为 120 亿美元，其 2006 年净资产为 1039 亿美元[1]。

国际风险评级机构也使用标准化公募债券的评级方法来对最为复杂的结构化产品 CDOs 进行评级，大大低估了资产证券化产品的风险水平，给投资者造成很大的误导，使投资者一度认为经过国际三大信用评级机构认定为 AAA 级的 CDOs 产品，不仅可以像其他 AAA 级企业债券一样安全地买卖，而且可以获得平均 70 个基点的收益率溢价。然而，随着 CDOs 市场的崩溃，市场猛然发现对于具有高度私募属性的资产证券化产品，仅靠信用评级是远远不够的，还需要更多的风险衡量和反应机制，以及投资者自身的风险识别判断能力。

美国保险机构不仅是 CDOs 产品的主要投资者群体，同时还是其主要的外部增信方，面对获得官方信用评级机构评级的资产证券化产品，美国保险机构，一方面购买 CDOs 相关产品以获得投资收益，另一方面为其违约提供信用担保以获得担保业务收入。美国保险机构作为私募债券市场的传统投资者，往往对私募类债券具有独立的风险评估和处置能力，但对于 CDOs 类产

---

[1] ISDA. Counterparty Credit Risk Management in the US Over-the-Counter（OTC）Derivatives Market: A Review of Monolinc Exposures［EB/OL］.［2011-09-02］. http://www.isda.org/a/feiDE/counterparty-credit-risk-ii-monolines.pdf.

品保险机构则过于相信评级机构的外部评级。金融危机之后，美国保险集团（AIG）因评级下调而陷入破产危机，其他为CDOs产品提供外部信用风险担保的保险公司，在金融危机之后也都离开了结构化产品保险这块"伤心之地"，一小部分仍然经营投资组合产品的保险业务，但也是在银行、保险监管机构和控股银行的主导下进行。

而作为全球金融危机爆发和蔓延载体的CDOs产品，至今仍未恢复至危机前的规模和水平。根据美国证券业协会（SIFMA）的统计，CDOs产品的发行规模从2003年的866亿美元上升到2007年的峰值4816亿美元，之后在2009年回落至43亿美元，在2013年重新上升至902亿美元[①]，仍远未恢复到危机前的水平。从存量上来看，CDOs产品的市场存量自2008年之后逐年下滑。在2008年CDOs产品的市场存量为3550亿美元，迅速下降至2014年第一季度的1276亿美元，下降幅度超过60%。

## 二、我国资产证券化仍处于起步期

我国资产证券化市场仍处于起步期，主要表现在市场规模小、投资者群体单一，而且其发展还面临许多现实障碍。从发行人角度来看，障碍主要为信贷ABS和企业ABS均是审批制，周期较长，效率还有待提高。从吸引投资者角度来看，障碍主要表现在以下几个方面：①资产证券化产品二级市场的流动性较差；②要判断资产证券化产品的投资价值与风险，投资者依赖于中介机构的尽职调查和完整的信息披露，但这两方面尚无法达到投资者的要求（尤其是企业ABS和ABN）；③资产证券化产品交易结构复杂，即使投资者感兴趣，也有可能因为对次级或者无担保的证券化产品的分析定价能力有限而望而却步。

---

① 资料来源：美国证券业协会（SIFMA），http://www.sifma.org/research/statistics.aspx，最后访问日期为2014年6月9日。

表 10-2　我国资产证券化的三种模式

| | 信贷 ABS | 企业 ABS | ABN |
|---|---|---|---|
| 主管部门 | 人民银行、证监会 | 证监会 | 交易商协会 |
| 发起人 | 银行业金融机构 | 非金融企业 | 非金融企业 |
| 基础资产 | 银行信贷资产 | 企业应收款、信贷资产、信托受益权、基础设施收益权等财产权利，商业物业等不动产财产或财产权利和财产的组合 | 符合法律法规规定、权属明确、能够产生可预测现金流的财产、财产权利或财产和财产权利的组合。基础资产不得附带抵押、质押等担保负担或其他权利限制 |
| SPV | 特殊目的机构 | 证券公司专项资产管理计划 | 不强制要求 |
| 交易场所 | 全国银行间债券市场 | 证券交易所、证券业协会机构间报价与转让系统、证券公司柜台市场 | 全国银行间债券市场 |
| 登记托管机构 | 中央国债登记结算公司 | 中国证券登记结算公司 | 上海清算所 |
| 审核方式 | 审核制 | 核准制 | 注册制 |

资料来源：笔者根据相关资料整理。

# 第十一章 我国私募债和私募债市场：多维视角和对策建议

## 第一节 为何"叫好不叫座"？从发行方式的角度看

根据债券发行是否面向公众，债券发行方式主要有公开发行和传统私募两种。公开发行机制范围最为广泛，同时对投资者的保护也最为严格，但其初次发行和持续的信息披露要求对发行人而言会产生较高的成本，使企业通过公募债券进行融资这一渠道受到较大的限制，特别是对于那些小型的具有较少发行经验的企业而言。以承销费率较低的企业债发行为例，在包销方式下承销佣金不超过 1 亿元部分的费率为 1.5% ~ 2.5%，超过 1 亿 ~ 5 亿元部分的佣金为 1.5% ~ 2%。而传统私募债发行范围较小、对投资者的保护程度也最小，该机制为企业提供了最为快捷的债务融资方式，但有限的信息披露和严格限制的二级市场交易使其对投资者的吸引力较弱。

### 一、交易所私募债：本质为混合型私募债

20 世纪 90 年代，在金融创新实践中，以美国 144A 债券为代表，允许在二级市场交易的新型私募债产生了，由于它融合了公募债券和传统私募债券双重优点，因而被称为混合型私募债。在实践中，混合型私募债发行的目标在于最小化发行人的监管负担和发行成本，同时通过一定程度的保护和二级

市场交易的灵活性来最大化其对投资者的吸引力，因而得到了广泛的应用。

如前文所述，随着实践的发展，混合型私募债演化出三种类型：一是以美国为代表的允许二级市场交易的私募债，其特点是在传统私募债基础上增强二级市场流动性，以色列、马来西亚、泰国等国的混合型私募债都属于此类，这些国家往往具有传统私募债市场基础；二是以欧盟为代表的基于对公开发行相关程序和文件的豁免而形成的私募债，智利、巴西的混合型私募债则属此类，其特点是在公募债券融资的基础上降低中小企业发债融资的信息披露和时间成本；三是以印度为代表的可挂牌上市的私募债，其目的主要是通过交易所挂牌来提高传统私募债务融资的透明度。

智利（2001）、欧盟（2003）、以色列（2005）、马来西亚（2007）、印度（2008）、泰国（2009）、巴西（2009）等国家和地区纷纷引入形式迥异的混合型私募债（括号里为该国家或地区引入混合型私募债的年份），以促进本国和地区中小企业融资便利，我国在 2012 年引入可以上市的私募债。

在发展中经济体，混合型私募债发行数量占比较高的国家和地区分别是马来西亚、印度、巴西和泰国，2010 年其混合型私募债发行规模在企业债总的发行规模中的占比分别为 99%、80%、70% 和 36%；值得一提的是泰国，其混合型私募发债占 81%。巴西于 2009 年引入混合型私募发行，而在 2010 年第一季度至 2010 年第四季度发行量就表现出了明显的增长态势。

美国和欧盟的混合型私募发债也占据了相当的比例，2010 年分别达到了 30% 和 65%。1997 ~ 2012 年，以美国 144A 私募债为代表的混合型私募发债占高收益债券发行的 70%，这也证明了混合发债方式的强大吸引力，特别是对于那些不够成熟、风险更高，同时在传统融资市场难以获得融资的企业更具吸引力。

我国 2012 年 5 月引入的中小企业私募债在本质上属于混合型私募债，由于我国不存在传统型私募发债市场，所以混合型私募发债主要是在公募债券发行的基础上引入传统私募发行的优点，例如，面向无资本市场融资经验的中小企业、由审批制转向备案制以降低融资时间和融资成本、投资和交易仅限于合格投资者等。我国的混合发债机制，不仅包含了对完整募集说明书制作的豁免，而且还能在交易所进行挂牌展示，因此更类似于公开发行。

截至 2015 年第一季度，中小企业私募债累计发行 808 只、募集资金 1195.37 亿元，不到同期企业债务融资总规模的 1%。我国混合型私募发债为中小企业开辟了一条新的融资渠道，但没有获得较大规模的推广和应用，其中存在诸多的原因。

## 二、为何"叫好不叫座"？从发行方式的角度看

从发债方式的角度看，本书认为中小企业私募债"叫好难叫座"，主要有以下三个方面的原因：

### 1. 在缺乏承销商市场声誉机制的情况下备案制优势难以发挥

备案制具有为企业提供便捷融资通道的优势，但备案制对保荐承销机构提出了更高的要求，使其承担了更多的责任，这种要求和责任主要通过市场声誉机制来实现。保荐承销机构的市场声誉的强弱决定了发行过程中投资者对私募债的接受程度，因为在相同条件下，投资者相信具有较高声誉的承销商发行的私募债具有更高的资信水平，从而为快捷融资提供了可能。这就要求承销商主动建立内部资信评估体系，并为所承销债券的违约承担声誉损失。在美国私募债市场中，承销商为快捷融资提供重要的信用桥梁并起到纽带作用，例如，美银美林是美国私募债券市场最大的承销商，它会对潜在融资人进行深入的尽职调研和严格的资信评估筛选，因而凡是美银美林承销的私募债，一般都会获得较高的市场认可，从而能在短期内完成筹资过程。反之，若承销商承销的私募债经常发生违约事件，即使其不承担或承担较低的法律责任，也会对其声誉造成严重影响，其信用中介和桥梁作用也难以发挥。在市场声誉机制下，较高资质的融资人更愿意与具有较高声誉的承销商合作，而具有较高声誉的承销商所承销的私募债也更容易被投资者所接受，

从而形成了一个向上的正反馈机制，不仅减少了逆向选择和道德风险，也加快了市场筹资效率。

当前我国尚不存在有效的承销商市场声誉机制，从而使备案制便捷发行的优势难以发挥。一方面，在长期的审批制环境下，承销商习惯于以获得审批为导向，尽管近年来监管机构加强了后续责任的督导，但承销商市场声誉选择机制仍未建立起来；另一方面，违约私募债的承销商责任不清晰，存在处罚方式简单化倾向，如上交所要求，对承销私募债的投行，一旦出现私募债违约要处以承销佣金80%的罚金，在这一机制下，对承销保荐机构仅有硬约束却没有软性市场声誉约束。承销商市场声誉机制的缺乏，使承销商既缺乏动机也缺乏能力对发债人进行深入的尽职调查和资信评估筛选，只是仍然按照传统审批制下的惯性思维进行承销保荐，这严重降低了投资者对私募债进行投资的信心，进而使备案制的优势难以充分发挥。

**2. 通过挂牌上市来吸引机构投资者的优势仍待拓展**

在混合发行方式下，私募债挂牌上市的主要目的在于提高私募债的透明度，从而增加私募债对机构投资者的吸引力，以替代传统不透明的私募市场，国际研究经验表明，机构投资者是私募债的主要投资群体。在欧盟挂牌私募债的流行，也主要是为了满足机构投资者的需求，因为在机构投资者的投资指引中对于非交易所挂牌债券都有严格的投资额度限制。在美国私募债市场上，80% ~ 90%的投资者来自保险类公司和寿险类公司。

但我国私募债在交易所挂牌上市后对机构投资者的吸引力还相当有限。特别是私募债仍处于很多机构禁止投资范围之列，例如，根据保监会2012年《保险资金投资债券暂行办法》的规定，保险公司投资有担保非金融企业债券，需具有国内信用评级机构评定的 AA 级或相当于 AA 级以上的长期信用评级，投资无担保非金融企业债券，应当采用公开招标发行方式或簿记建档发行方式发行，投资免于信用评级要求的债券，发行人应具有不低于该债券评级规定的信用级别，而中小企业私募债对信用评级、担保均没有强制要求，发行方式为非公开发行，这些都使保险公司、保险资产管理公司等私募债传统持有率较高的机构还不能投资私募债。此外根据监管机构的规定，社保基金和货币市场基金均不能投资信用级别在投资级以下的证券，从而将社保基金和货币市场基金排除在潜在投资者之外。而商业银行投资信用债时，需要按照100%的风险权重计入风险加权资产并相应配置经济资本，这些规定都将私募债最为重要的潜在投资者群体排除在外，从而使挂牌私募债通过提高透明度来吸引投资者的优势难以实现。

**3. 缺乏具有信用风险处置能力的机构投资者，基础假设尚未实现**

私募债券市场是一个去监管化的市场，其最基础的前提假设在于，投资者要对债券投资高度熟练，有充分的知识和资源分析投资机会、评估债券内在风险、对融资者进行持续监督并对可能的违约事件进行谈判，因而监管机构不需要像介入公募市场那样对私募投资者进行严格保护，能够满足这些前提假设的主要是机构投资者，这也是世界各国对混合型私募债投资者设置较高门槛的主要原因。对现有私募债市场的研究也表明，私募债券投资者往往具有更高的信用风险处置能力，私募债券市场较高的收益率溢价也是对投资者较高风险处置能力的收益补偿，而不仅仅是对高风险和低流动性的补偿。私募市场机构投资者的风险处置能力一般有以下四个维度：独立的信用评估能力，对融资者进行持续监督的能力，对债券合约进行持续或重新谈判的能力以及后续违约处置能力。

长期缺乏违约环境使我国机构投资者普遍缺乏信用风险处置能力，同时由于我国不存在真正意义上的传统型私募发债融资市场，机构投资者普遍用公募市场投资的惯性思维来看待私募债，这使私募债市场发展最为基础的前提假设难以实现。在公募市场投资的惯性思维下，我国私募投资者不是将发行人的信用资质评估作为投资出发点，也没有在投资后对融资者进行持续监督的意识和能力，也更谈不上对融资者技术性违约的容忍度和后续的谈判处置能力。由于具有风险处置能力的机构投资者群体的缺乏，私募债市场带有浓厚的公募投资特征便不难理解了：投资者对具有担保、增信、国企背景等特征私募债的偏好；私募合约中鲜见对融资者更加具体的约束性条款，特别是投资人对融资者持续监督的条款；而为私募债打包变身资管产品使之标准化，则更离私募债市场属性远矣。

# 第二节　我国私募债券的信用分析：增信困惑和违约

## 一、中小企业私募债的信用评级分析

与公司债和企业债等债券不同，证监会并不要求私募债发行主体进行评级。由于没有强制评级要求，同时投资者可能更看重发行人的股东背景和增信措施，私募债发行人评级较少。根据不完全统计，截至 2014 年第一季度仅有 28 家企业进行了主体评级，占发行总量的比例约为 12%，主体评级主要集中在 BBB+ 和 BBB。债项评级方面，约有 35 只债券进行了评级，还不到发行总量的 15%，评级主要集中在 AA 级别，AA+ 级以上和 AA– 级以下的债项评级非常少，仅占 13%（见图 11–1）。

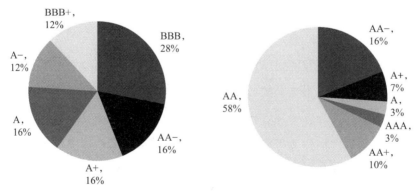

图 11–1　中小企业私募债发行人（左图）及债项（右图）评级

资料来源：Wind。

从担保情况来看，中小企业私募债的增信措施还是比较完善的。据Wind 资料统计，共有约 100 家私募债发行人设立了不同形式的担保，占总发行量的一半左右。从担保方式来看，设立不可撤销连带责任担保的债券较多，有将近 90 只，另外还有质押担保、抵押担保、保证担保、连带责任担保等，其中担保方多以当地城投公司或者相关上市公司为主。

总体来说，尽管有相应的增信措施，但与传统债券相比，私募债的信用风险依然较大。二十多年来，我国债券市场还没发生过实质性违约，刚性兑付现象持续存在，而中小企业私募债的推出将打破这一历史。因为从本质上说，中小企业私募债具有高风险、高收益的特征，这意味着随着市场的日益成熟，违约将不可避免，加上我国商业环境和法律环境的特殊性，我国企业家尤其是中小企业的企业家意识相对淡薄，对其所承担的法律责任和社会责任认识严重不足，中小企业持续经营能力较差，生命周期较短，这在某种程度上增加了中小企业私募债的违约可能性，加大了私募债的风险。

## 二、中小企业私募债增信面临的困惑

截至 2014 年 7 月底，已逾 560 多家中小企业发行了私募债券。然而，更多的中小企业发行意愿较为强烈，企业自身的综合资质也较好，但大部分因欠缺增信措施而被排除在私募债券大门之外。究其原因[1]，主要集中在以下几个方面：

### 1. 专业担保机构不给力

专业担保机构是担保信用市场的主体，是解决中小企业私募债券增信问题的首选对象。但实践表明，专业担保公司在为中小企业提供增信服务方面存在几大困境：一是拟发债企业缺乏反担保措施。目前国内专业担保公司在为中小企业发行私募债券提供担保时，一般都需要企业提供相应的反担保措

---

[1] 俞子耀，王俊如 . 中小企业私募债券增信面临的困惑及相关建议［J］. 债券，2013（3）：56–59.

施，如提供土地、房产、股票、债券等资产或权益作为反担保，但能顺利满足反担保要求的企业往往会从银行渠道获得资金；二是专业担保公司收费过高，令融资成本大幅上升。担保费率一般为年化 1.5% ~ 4%（民营担保公司一般收费较高），加上目前债项评级 AA 级私募债约 9.0% 的发行利率，企业综合融资成本往往会突破 12%，优质的中小企业一般很难接受如此高的成本；三是担保公司自身规模较小，担保能力不足。以浙江某市为例，该地区最大的担保公司注册资本仅为 8000 万元，而单笔债券担保规模上限为注册资本的 30%，即 2400 万元，担保能力较弱，市场认可度较低，增信作用不明显。

### 2. 抵质押标的物评估与监管能力不足

通过抵押自有房产、土地或质押所拥有的公司股权等方式，中小企业可实现私募债券增信。但市场对私募债券抵质押标的物评估尚未形成可行的统一标准体系，如对评级机构的资质要求、各类资产或权利的抵质押比率、抵质押财产评估价值与债券发行规模之间的关系等。

私募债券一般以托管银行或承销券商作为抵质押物的监管机构。而证券公司内部尚未设立专门的资产评估及不良资产处置机构，也缺乏相应的专业评估人员及监管人员，其对抵质押物的评估及监管能力较银行或专业担保公司明显不足。因此，在实际操作中，一般由专业担保公司先行判断标的物价值，出具担保函，并将标的物抵质押给专业担保机构作为反担保措施。

### 3. 市场缺乏风险缓释工具

中小企业私募债券最大的风险在于其信用违约风险。2010 年 10 月，中国银行间市场交易商协会发布《银行间市场信用风险缓释工具试点业务指引》，正式将信用风险缓释工具［包括信用风险缓释合约（CRMA）和信用风险缓释凭证（CRMW）］引入中国市场。随后，陆续出现了针对银行贷款和银行间市场债的信用风险缓释合约，有效地转移和分散了信用风险，但国内针对私募债券的风险缓释工具市场仍是空白。

## 三、我国中小企业私募债的违约分析——以"13中森债"为例

### 1. 首例私募债违约：比预期来得稍早一些

2014年3月28日是徐州中森通浩新型板材有限公司（以下简称中森通浩）2013年发行的1.8亿元私募债"13中森债"债券利息兑付日，然而，不但中森通浩的利息兑付毫无着落，而且该笔债券的担保方中海信达担保有限公司拒绝为该笔债券承担代偿责任。该笔债券的利息违约抑或成为沪深交易所私募债市场首例违约事件。

交易所私募债推出还不到2年时间就出现了首例违约事件，比预期来得稍早一些。2014年，中诚信托兑付危机、超日债违约事件、天威保变公司债退市等一系列信用风险事件，已经使市场对信用风险普遍存在担忧情绪，正是市场对部分行业和领域可能出现的信用违约已经有所预期。但交易所私募债在2012年5月推出以后，市场认为发债企业资质普遍较好，部分企业甚至是券商中小板和创业板的储备资源，特别是在实际发行过程中，大多数发债都存在担保等增信措施。

### 2. 如何处理很关键：处理方式决定市场影响

从短期来看，首例私募债利息违约事件将使私募债一级市场发行雪上加霜，但二级市场受到的影响或有限。截至2014年3月31日，交易所私募债共发行452只，累计发行金额555.8亿元，市场规模相对有限，特别是私募债的二级市场流动性还较弱，在大多数私募债投资者一般持有到期的情况下，首例私募债利息违约事件对私募债二级市场的冲击或有限。但对于一级市场而言，2014年私募债发行金额不仅节节下滑，而且远低于上年同期水平，首例私募债利息违约无疑将使私募债一级市场发行困难的局面雪上加霜。

从长期来看，该起利息违约事件的处理方式对私募债市场的未来发展至

关重要。如果仍然按照刚性兑付的惯性思维来操作，通过券商、地方政府等相关方参与来确保利息支付，无疑会在短期内减少投资者损失，降低私募债投资者的信用风险担忧，对于缓解私募债"发行难"有一定的作用，但从长期来看，却不利于私募债市场的健康发展，原因有三：一是刚性兑付处理模式加重了券商负担，在私募债承销收益本就有限的条件下，可能进一步降低券商承销私募债的积极性；二是不利于私募债投资者风险处置能力的培育，刚性兑付的处理方式使投资者仍然带着公募债券投资思维来进行私募债投资，忽略私募债投资中对信用风险处置能力的较高要求，不利于私募市场深层次发展；三是刚性兑付的处理方式仅仅将信用风险进行转移，市场风险进一步向担保、承销等中介机构集中，既不利于风险的分散化处置，也不利于私募债市场信用风险差别定价机制的完善和发展。

### 3. 出路在哪里？让私募债回归本质属性

如何借助于备案制的批量快速发行优势，使私募债成为破解中小企业融资难这一问题的重要途径，是交易所私募债推出以来市场探索的热点前沿问题；首例交易所私募债利息违约事件，无疑将成为市场重构私募债市场机制的重要契机。李克强总理在 2014 年 3 月 25 日的国务院常务会议指出，"培育私募市场，对依法合规的私募发行不设行政审批"，这为私募债市场未来的发展指明了方向，意味着通过去行政和监管化，按私募债券融资的本质属性和市场规律办事，可能是未来私募债发展的根本出路。

第一，首例违约并不可怕，关键是要建立信用风险的市场化处理机制。美国精算师协会的统计数据表明，1986 ～ 2006 年私募债市场共有 1001 个信用风险事件，数量众多的信用风险事件并没有降低私募债市场对投资者的吸引力，美国私募债市场仍然是世界上最大的私募债市场。其背后是私募债相对公募债券违约损失程度上的重大优势，即私募债市场整体违约损失程度不仅相对较低，而且还会出现信用违约后续处置产生盈余的可能，当然这有赖于私募债违约的市场化处置机制。例如，在 1001 个信用违约事件中，有

111 起投资人通过市场化处理方式获得了超过 100% 的资产回收率，而这在公募市场是很难出现的。

第二，探索通过提高私募债追偿优先等级等其他市场化手段来破解增信"瓶颈"。目前私募债市场普遍存在的担保增信措施，不仅加重了中小企业的融资负担，而且限制了私募债的市场规模。在当时[①]市场条件下，中小企业私募债基本上都是"担保债"，尽管没有强制担保要求，但由担保机构担保几乎成了中小企业私募债发行的必要条件。在美国等成熟私募债市场中，绝大多数私募债均为无抵押、无担保债券，但要求私募债具有较高的追偿优先级，统计表明，一般无抵押、享有与银行债务同等追索权的私募债占整个私募债市场 60% 以上。我国当前私募债市场普遍存在的担保增信措施，大大增加了中小企业发债融资负担，同时担保行业整体规模有限，无疑也大大限制了私募债市场规模的快速扩大。

第三，创新私募债非标准化产品设计条款，将信用违约风险防范机制前置。在私募债合约中引入更多对发行人日常经营的约束性条款，增强投资者对发行人日常经营状况持续介入和约束性条款执行情况的持续监督意愿和可能，通过将信用违约防范机制前置，来替代当前简单化的偿债基金、回售、担保等事后投资者保护条款。目前，在我国以中小企业私募债、信托融资为代表的私募债券融资市场中，由于合约设计中缺乏信用违约风险防范机制的前置性条款，私募债投资者往往在债券利息或本金无法按时支付等违约事件发生之后，才能了解融资者的实际经营状况，但为时已晚，这种重视信用风险事后处置而忽略事前防范的产品设计特点，与私募债权融资市场的本质属性是不相符的。美国等成熟私募债市场合约特点的相关研究表明，与公募债券合约重视信用违约事后处理机制不同，私募债券合约一般都包含了信用违约风险防范机制的前置性条款，如对融资者经营方向、财务比率、股权处

---

① 主要见 2014 年。

置、发行新债等都进行了严格数量化限制和相应预处理方案，私募债投资者往往具有较强的意愿和能力，对融资者的经营状况和约束性条款的执行情况进行跟踪和调查，并且一旦约束性条款被触发就能够迅速且公正地进行重新谈判，从而将潜在的违约损失降到最低。因而从某种意义上讲，私募债较高的收益率主要是市场对投资者在信用违约前置性防范条款执行中的付出和能力给予的合理回报，而不仅仅是对流动性风险和违约风险的溢价。

# 第三节　我国私募债市场流动性：尝试和建议

根据深交所中小企业私募债转让平台的数据，2012 年 6 月 18 日至 2014 年 3 月 7 日，深交所共为 67 只中小企业私募债提供了转让服务。共有 248 笔成交记录，平均每月 31 笔。同期，384 只债券在大宗交易平台上的交易共 2594 笔，平均每月 324 笔。截至 2014 年 12 月底，私募债的流动性仍相对较弱。

## 一、可交换私募债：旨在提高私募债的流动性

可交换私募债是中小企业私募债的一种创新形式——发行人持有的上市公司股份可用于债券增信，未来根据约定条件将上市公司股份与私募债券交换。可交换私募债与上市公司可转债类似。但上市公司可转债是上市公司以自身股份作为转换标的，而可交换私募债则以发行人在 A 股市场持有的无限售条件、权属无瑕疵的流通股作为转换标的，并不局限于发行人公司的股份。

若发行人与投资者一致看好某一上市公司未来股价走势，而发行人恰好持有该公司股票，那么中小企业私募债的发行人可将其持有的该上市公司股票作为抵押品，设定高于市场价格但低于未来预期的转股价发行可交换私募

债，提前支取部分股价上行收益，放大杠杆比例。从投资者方面来看，其所看好的个股则获得了债券票息作为"安全垫"。若未来股价下行，则买方可以选择不换股以避免二级市场投资损失。在目前上市公司可转债存量较少的情况下，可换股中小企业私募债有望为有此投资需求的投资者提供配置需求出口。

深圳证券交易所推出的可交换私募债券，可转股的股票必须为，债券发行前，除为此次发行设定质押担保外，不存在被司法冻结等其他权利受限情形，可转股的股票在交换时不存在限售条件且转让该部分股票不违反发行人对上市公司的承诺。另外，可交换私募债券自发行结束之日起 6 个月后方可交换为预备用于交换的股票。

## 二、银行理财资金对接私募债 [①]

私募债同银行理财对接的信贷出表模式成为解决私募债的销售难题的重要尝试和探索。受银监会"8 号文"的影响，2013 年 3 月私募债备案发行的数量一度达到峰值。根据证监会发布的统计资料，2013 年 1 月单月融资额只有 10.13 亿元，而在 3 月单月融资额则达到了 40.21 亿元。按照证监会的规定，银行的理财资金拥有直接投资私募债的资格。2013 年 3 月银监会发布"8 号文"之后，银行利用中小企业私募债具有标准债权标的的性质，让其信贷客户备案发行私募债，并使用理财产品的资金进行购买。若在沪、深两个交易所备案，则由旗下券商投行承销，若在 OTC（场外交易市场）备案，则由银行投行部承销。这样既规避了"8 号文"对于理财产品非标比例的限制，又完成了信贷资金的出表，若由银行投行部承销银行还能增加一笔中间收入。

针对券商普遍对中小企业私募债承销的积极性不高，各地政府推出了针

---

① 参见 http://www.ceh.com.cn/cjpd/2013/11/263415.shtml。

对私募债的贴息和财政优惠政策，甚至有些地区已经开始酝酿对发行私募债的中介机构进行费用补贴。深圳市政府对深圳地区前 10 家发行私募债的企业首年按发行额的 1% 进行贴息；而北京中关村管委会则对中关村旗下企业发行私募债给予票面利息 30% 的贴息。

## 三、准做市商模式：合作解决流动性

作为私募发行的券种，中小企业私募债的流动性问题一直受到承销商与买方机构的关注。公募基金、券商集合理财等财富管理机构在配置中小企业私募债时，既要承担应对赎回时无法及时变现的风险，又受到持有单一券种占其发行总量上限的限制，因而这些机构配置私募债的意愿不强。

针对上述两大问题，有些基金专户产品与承销券商展开合作，通过定制发行的方式，有效地规避了这些限制。

所谓定制发行，在操作上是指公募基金、券商资管在根据某只即将发行的中小企业私募债期限、价格单独设计专户产品、定向理财产品向少数客户发售。这些产品在开放期限上与私募债兑付期限同步，不存在存续期间赎回的问题，管理方就可以将高票息的私募债持有到期获得收益。在价格上，目前中小企业私募债的年化收益率一般在 9% ~ 10%，而低风险偏好的财富管理客户对 7% 左右的年化收益率就能感到满意，其间的利差即可由财富管理机构与合作券商分润。

在这种操作的基础上，财富管理机构也可以配置多只期限错开的私募债品种，在每只私募债都持有到期的同时，为客户提供一年内更加灵活的赎回选择。

从理论上说，客户在持有期限上的灵活程度与管理机构承担的流动性风险是成正比的。在上述涉及少数券种的定制化发行产品中，财富管理机构可以通过与发行券商合作，要求券商在特定时间短暂代持，为产品提供流动性。目前，在这种操作中，代持券商仅按照资金成本收费，没有其他额外费用。

券商自有资金代持提供流动性的做法，本质上就是券商做市提供流动性的雏形，如果一家券商有足够广泛的客户渠道与强大的流动性管理能力，就能整合不同客户间的流动性需求，形成以券商为中心的私募债流通市场。券商以私募债为基础的盈利模式也可以更加丰富。

# 第四节　我国发展私募债市场的对策建议

## 一、构建一个"货卖识家"的私募债分层市场

私募债券融资市场为资本市场提供一种非同寻常的视角和平台：那些在传统市场中高风险溢价的中小企业融资行为，在内行投资人眼里风险可能并没有那么高。正如古玩玉器市场"货卖识家"一样，具有信息收集、评估、识别和持续监督能力的"识家"会要求一个相对较低的风险溢价和较为严格的定制化融资契约，从而可以使中小企业获得融资，投资者因持有识别能力获得风险溢价。因此，在我国证券市场中，如何甄别哪些投资者是"识家"或"潜在识家"，是问题的一个重要方面，毕竟在当前的资本市场，"识家"及其拥有的投资资金是稀缺资源。

一般而言，拥有较多证券资产的投资机构，其信息收集、风险评估、后续监督和谈判能力也就越强，在资本市场上的自我保护能力也就越强，它们越有可能成为较大规模私募债券融资的潜在投资者；但同时，越小规模的私募融资，其潜在的风险也越大，这就存在一个重要的矛盾，那么如何进行有效的风险匹配就十分重要。美国私募证券立法对私募市场投资者进行分层，QIBs 投资者可以投资任何规模和类型的私募债券，认可投资者但非 QIB 投资者只能投资 D 条款下的债权，熟练投资者但非认可投资者只能投资 100

万美元以下的私募发行，从而使投资者的风险承受能力与潜在损失相匹配。美国市场的发展经验对我国进行投资者资格设计和投资者范围分层，进而减少私募债券市场风险是十分值得借鉴和参考的。

在美国私募债券融资过程中，形成了传统私募债券融资市场、144A 私募债市场和未来可能将十分活跃的网络私募债市场。其中 144A 私募债市场具有更多的标准化产品特征。但整个私募债券市场的基础仍然是传统私募债市场，其为中小型企业解决发展融资需求发挥了基础性作用。我国当前的中小企业私募债在产品性质上更加接近美国的 144A 市场，但受制于投资者缺乏主动风险识别和持续监督能力、受到较为严格的备案要求等因素，发展仍然较为缓慢。未来我国私募债市场发展的重点应当是形成一个类似于美国传统私募债券融资的广阔市场。

## 二、构建能够发挥私募债"混合型发债"优势的市场环境

要使中国交易所私募债"既叫好又能叫座"，从根本上还是要充分挥发其备案制便捷、批量发行、信息相对透明等优势，拓展潜在投资者群体，培育中小企业信用市场。

（1）扩大私募债投资者范围是现实有效的手段。交易所私募债的一大优势在于通过挂牌上市来提高透明度，以增加对投资者的吸引力。而解除保险公司、社保基金等传统私募债高持有率机构对私募债券的投资限制，是充分发挥交易所私募债优势，破解"难叫座"的现实选择。

（2）建立私募债承销商市场信誉机制是发展方向。承销商市场声誉机制的存在，是发挥备案制批量快捷融资发行优势的重要前提和保障。当前我国在 IPO 市场已经加大了对承销保荐机构在发行后续环节责任落实的督导力度，也为承销保荐机构重视内部信用资质评估筛选体系建设、珍惜市场声誉提供了良好的监管环境。在私募发债市场中，进一步引导承销商建立信用资质评估筛选体系，建设承销商私募融资发债市场声誉机制应是未来的发展

方向。

（3）培育具有信用风险处置能力的机构投资者群体是私募债市场发展的关键所在。私募债市场与公募市场相比，对投资者群体有更高的要求，投资者自身具有较高的信用风险处置能力。当前缺乏具有信用风险处置能力的投资者群体是我国私募债市场发行难的关键原因，而投资者信用风险处置能力的培育需要一个长期的过程，当前可以考虑通过从国外引入私募债权投资基金的形式，来引导国内这一投资者群体的形成。

## 三、搭建防范私募债信用风险、降低风险溢价的市场机制

美国私募债市场的实践证明，可以构建一个高信用资质的中小企业中长期债务融资市场。但这一市场的形成和构建，需要市场信用风险定价方法和工具的成熟、投融资管理体制的创新、机构投资者内部非标准产品信用分析和风险处置能力的培育和相关监管金融法规的明晰化。

可以借鉴美国私募市场发展经验：第一，放宽对诸如保险、养老基金等机构投资范围的限制；第二，鼓励成立行业性风险评估机构（美国保险业协会 NAIC 下设立证券估值办公室 SVO，专门对非公开交易、非标准化的私募证券产品进行估值、评级，进而为保险公司风险资本管理提供依据），对非标准化、非公开交易的私募产品进行信用评级和风险评价，为相关机构进入私募市场提供技术上的可行性。

在私募债合约上，尊重私募融资需求的个性化和定制化属性。私募债券合约之所以能够个性化和定制化，主要是由于私募债券市场的投资人相对较少，所以私募市场合约的监督、约束和重新谈判的成本相对要低很多；因而私募市场倾向于制定更加具体的且经常会需要重新谈判的条款，而公募市场的条款只有在特定情况下才可能会违反。一般而言，私募通过契约条款：①对融资者行为进行了更加富有约束性的限制；②私募合同在监督融资人的同时给予融资者更加具体的限定；③私募合同在债权人之间的内部索赔冲突

控制方面有更好的安排；④私募合同支付期限一般根据投资者的情况定制，一般避免使用嵌入式的利率期权。

## 四、探索提高私募债流动性的各种渠道

可交换私募债是中小企业私募债的一种创新形式——发行人持有的上市公司股份可用于债券增信，未来根据约定条件将上市公司股份与私募债券交换。可交换私募债与上市公司可转债类似。但上市公司可转债是上市公司以自身股份作为转换标的，而可交换私募债则以发行人在A股市场持有的无限售条件、权属无瑕疵的流通股作为转换标的，并不局限于发行人自身所发行的股份。

私募债同银行理财对接的信贷出表模式并不能真正解决私募债的销售难题。作为一种私募发行的券种，中小企业私募债的流动性问题一直受到承销券商与买方机构的关注。公募基金、券商集合理财等财富管理机构在配置中小企业私募债时，既要承担应对赎回时无法及时变现的风险，又受到持有单一券种占其发行总量上限的限制，因而这些机构配置私募债的意愿不强。针对上述两大问题，有些基金专户产品与承销券商展开合作，通过定制发行的方式，有效地规避了这些限制。

## 五、不能用标准化的思路发展私募结构化证券业务

正是因为忽视了资产证券化产品的私募属性，国际投行、信用评级机构和投资者都仍然按照标准化公募债券的业务思路来进行承销、评级和投资，当基础资产风险暴露并扩大时，CDOs产品风险迅速溢出、扩散，进而演变成为全球金融危机。"前事不忘，后事之师"，我国资产证券化应当以防止产品风险溢出发展成为系统性风险为重点，从防范参与各方道德风险和逆向选择入手，完善对资产证券化产品的信用风险衡量系统，使资产证券化业务真正成为"盘活存量"、优化资本结构的利器。

**1. 建立多样化的风险转移分担机制，防止产品风险溢出发展成为系统性风险**

2009 年，以 CDOs 为代表的资产证券化市场崩溃，由于产品风险大量集中在少数几家投行和保险公司手中，而这些机构作为系统重要性金融机构，一旦发生基础资产风险暴露，极易产生溢出发展成为系统性风险。当前我国资产证券化初期的实践中，产品在商业银行之间的相互认购还较为普遍，这使基础资产的风险并未完全脱离银行体系，尽管当前资产证券化规模还比较小，但需要防患于未然，防止产品风险溢出发展成为系统性风险。应借鉴金融危机后欧美 CDOs 市场监管的实践，引入多样化的投资主体以分散产品风险、建立基于信用估值风险调整的风险监管机制、尝试运用基于压力测试等现代技术手段。

**2. 严格控制基础资产池门槛和质量监管，防范道德风险和逆向选择**

资产证券化产品的收益率从根本上取决于基础资产池的收益率状况，一般而言，资产池收益率越高，扣除中介服务机构各种服务费用之后，证券化产品的收益率也越高。作为资产证券化产品的设计者和承销商，较高的产品收益率更易于获得投资者的青睐，但高收益率往往意味着基础资产池质量的下降。在美国资产证券化初期，股东层 CDOs 产品均由投资银行自己来持有，以降低产品的道德风险并给予投资者更多的信心。但随着监管机构对持有股东层产品的风险资本准备提出较高的要求（一般是 100%），投资银行持有该类资产的比重快速下降。正是因为缺少投资银行产品风险承担的制衡，CDOs 产品基础资产池的质量开始逐步下降，一些次级债券和夹层CDOs 产品在基础资产池的比重越来越高，最终由次贷危机引发 CDOs 市场崩溃并转为全球金融危机。在我国资产证券化实践中，应当注重基础资产池门槛的控制和质量的监管，一方面，通过资产证券化中介服务机构产品风险分担来降低道德风险和逆向选择，另一方面，对资产证券化业务进行统一管理、统一监管，避免监管力量分散化。

### 3. 完善资产证券化产品的信用风险衡量系统，促进信用风险市场化

美国 CDOs 市场的实践证明，只有当风险衡量系统如实反映证券的风险和价值时，资产证券化才能正常运作。发展资产证券化，仅靠风险评级可能还远远不够，私募债券产品本身的复杂性和不透明性，要求投资者自身必须具有风险评估和风险处置能力。在 CDOs 市场的快速发展过程中，一方面，关于结构化产品的信用评级技术、数据和模型的构建并不成熟和完善，特别是缺乏 CDOs 产品历史违约数据，更多的时候评级机构使用一般公司债券违约概率模型来估计结构化债券产品；另一方面，旺盛的市场需求使评级机构放松了评级过程监督和审查，这使 CDOs 评级既存在虚高现象，也存在较强的主观性。CDOs 市场崩溃时，外部增信机构特别是美国国际集团（AIG）失去原有的信用评级，加速了 CDOs 市场的恐慌情绪，而一些单一保险机构进入原本并不熟悉的 CDOs 市场则引发了一系列的倒闭潮。美国保险业不仅是 CDOs 产品的外部增信机构，而且也是 CDOs 产品的重要机构投资者，在遭受了惨痛的损失之后，保险业对私募证券产品的外部评级进行了深入的反省和审查，并且成立了自己的信用分析和调查评估机构。我国公募债券信用评级市场的发展还处于起步阶段，以 CDOs 为代表的资产证券化产品的发展，更加需要信用评级机构引入新的评估技术和评估方法。同时，培育具有风险评估和处置能力的机构投资者群体，也是完善资产证券化产品信用风险衡量系统的重要一环。

# 第五节　金融机构参与私募债市场发展的建议

## 一、充分发挥信誉中介本色

券商应发挥投行中介本色，加强中小企业融资项目储备，牵手风险投资

者（PE）发行私募债。私募发行对券商的征信评估能力提出了较大的挑战，私募债的推出也为主攻中小企业融资的证券公司提供了又一片广阔的业务领域。券商要在积累项目资源的基础上，充分了解发行主体的资质与融资需求，这样才能从中择优挑选私募债融资主体。在实践中，私募发行的中小企业面临信息不对称问题，因而企业风险高、融资成本高，并且在市场很难找到债券购买者。针对这一问题，券商可以发挥信用中介本色，利用风险投资者的高风险偏好，由中小企业向风险投资者发行非标准化的债券，具体债券条款由风险投资者和中小企业自己设定，如中小企业可以向风险投资者发行具有转股条款的债券。

## 二、构建私募债产品的有限流通机制

私募债融资工具的不足在于产品流动性较低，进而影响了产品的市场深度。因此，券商需要构建私募债有限流通的机制，平衡保护私募债投资人的要求与市场参与者对流动性的需要。例如，可以通过设定限售期限制交易流通时间、界定"合格投资者"限制交易流通受让人等措施，合理界定私募债的固有属性。又如，可以通过明确私募债豁免转售条件，适度拓展了其流通性。此外，我国私募债的发行也应该借鉴成熟市场的经验，逐步引入合格机构投资人制度，扩大定向产品交易流通范围，明确豁免转售条件，适度提高定向产品的流动性。

## 三、加大私募债产品的创新力度

充分拓展私募债的产品创新空间，以专业定制方式控制私募发行风险。一方面，券商可根据私募债发行人的情况"量身定做"债券，真正实现债券产品个性化创设，对推进债券品种多样化有直接促进作用。《定向发行协议》签署双方依据市场规则自主自愿，可在债券融资工具的广义范畴内对利率、期限、再融资、回购等条款进行灵活而个性化的设计。另一方面，券商可在私募债产品结构中嵌入担保机制、认股权等措施实现信用增进，同时，通过引入风险偏好型投资者定向发行，可以有效实现中小企业与直接融资市场的对接。此外，债股联合类工具、结构化融资工具等创新产品均可先由定向发行方式渐进推动，既可将风险控制在较小范围内，避免引起市场波动，也便于投资者对各类产品灵活配置，提高风险管理能力及盈利水平。

### 四、做好私募债风险跟踪和处理预案

在私募债风险事件发生时，发行人、受托管理人以及各中介机构应在对风险事件充分调查认知的基础上，针对风险事件的不同类别、不同等级，认真组织制订相关偿债计划。若相关私募债尚未真实违约，可采取要求发行人追加固定资产、无形资产、应收账款等资产作为担保；建议发行人与其他债权人（如银行）友好协商相关债务的展期，减轻自身现金流压力；限制发行人擅自处置自有优质资产、向股东进行股息分配；限制发行人主要管理人员擅自调离或出境等手段。

而在私募债已经发生真实违约时，债券受托管理人可协调债券发行人和持有人商议相关偿债安排，妥善化解矛盾，如给予发行人一定的缓冲时间，对债务适当展期。如果发行人无法与债券持有人达成一致妥善的偿债安排，经债券持有人大会授权，债券受托管理人有权代表债权人提出破产申请，在法院受理破产申请后、宣告债务人破产前，债务人或持债务人注册资本1/10以上的股东，可向法院申请重整，要求不对债务人立即清算，而是在法院的主持下由债务人与债权人达成协议，制订重组计划。

## 第六节  金融机构利用国际私募市场债券融资：
## 路径和策略

### 一、国内券商利用私募市场债券融资：A 证券公司

A 证券于公司 2013 年在境外发行 9 亿美元债，成为业内仅有的两家在海外发债的证券公司之一，也是迄今为止[①] 中国证券公司在境外发行规模最大的美元债。根据我们的估算，其融资成本将节约 4 亿～5 亿元人民币。

A 证券公司此次境外美元债是通过其间接全资子公司 Haitong International Finance Holdings Limited 发行的。本次债券已获联交所确认具备上市资格。此次债券发行成功抓住了美联储暂缓退出 QE、美国暂时提高债务上限后美国国债收益率收窄的发行窗口，受到亚洲及欧洲的投资者热烈追捧。最终，债券票息率确定为 3.95%。债券年期 5 年，于 2018 年 10 月 29 日到期。

A 证券公司此次境外融资所得款项将用于满足其证券业务运营需要，调整公司债务结构，补充公司营运资金和（或）项目投资等用途，这将进一步提升其香港业务以及跨境业务的能力。

### 二、金融机构海外私募债券融资：成本节约估算

关于金融机构成本节约估算，以 B 公司 2014 年发行点心债券时对海外融资国际评级的设定为例。

（1）假定 B 公司国际评级处于投资级附近（BB– 至 BBB+），其对应财

---

① 时间截至 2014 年 6 月 30 日。

务利息覆盖倍数要求在 2.0 ~ 3.0；

（2）假定 B 公司获得 BB– 和 BBB+ 的信用评级，则国际发债 5 年期定价基准分别约为"5 年国债利率 +（175 ~ 425 个基点）""5 年国债利率 +（125 ~ 175 个基点）"，最终将根据市场认购情况确定融资利率；

（3）计算中，2014 年 4 月 30 日美国 5 年期国债利率为 1.74%、浮动区间均按上限计算，由此可得利率高达 6.4%，不仅高于国内 AAA 评级 DCM 定价中枢 6%，而且也处于 2014 年以来香港点心债券发行利率区间 2.52% ~ 6.85% 的上限。

### 三、金融机构海外私募债券融资：融资关键点

以 5 年期 10 亿美元融资为例，利率每下降一个基点（BP，即 0.01%）将节约 50 万美元（约 300 万元）的融资成本 [①]。

而融资成本的高低，关键在于信用评级。

BBB– 以上信用评级企业，其典型利息覆盖比例（Typical Interest Coverage Ratios）在 2.5 倍以上（根据标普 Standard & Poor 标准）。

### 四、金融机构海外私募债券融资：路径选择

境外控股公司最常见。大多数中资企业在境外公开发行债券时利用境外的控股公司（持有境内运营公司 100% 的股份或处于控股地位）。这些控股公司一般在可节税的司法管辖区内成立，并在香港联交所上市。

境外债权人结构性从属。由于很难从我国政府获得审批，几乎在所有的情况下，这些实体发行的债券没有被境内运营子公司向母公司提供担保。鉴于运营子公司可能（而且经常）也会从境内银行和国内公开债券市场进行融资，境外控股公司的债权人在偿还债务的次序结构上处于从属地位。

---

① 估算未经折现处理，将美元汇率中间价设定为 6.0。

支持协议新趋势。2012 年以来，越来越多的境内注册的实体在没有提供担保的情况下通过境外融资 SPV 在境外进行融资，并开始提供支持协议和股权购买承诺条款。这些结构仍然在发展变化中，也没有明确的标准（如承诺的股权购买水平）。因此，惠誉评级在对这些条款对整个债务结构的影响进行评估时，对具体个案具体分析。

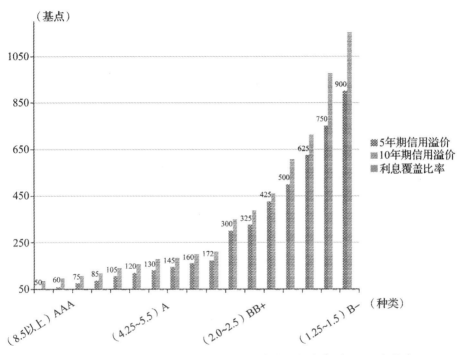

图 11-2　不同信用评级下美国企业债融资信用溢价（5 年和 10 年期）

中国公司近年来在国际市场每融资 10 亿美元（期限 5 年，假定国际评级在 BB– 与 BBB+ 之间，基准日为 2014-05-23），成本将节省 8 亿~10 亿元人民币。

计算成本节约金额时：①汇率采用融资当日汇率中间价；②国内融资利率采用融资当日该公司国内信用评级对应期限 DCM 定价中枢利率；③计算仅为初步估算，未经折现处理；④未考虑国内外融资承销费用的差别。

［1］Amihud Y., Mendelson H. Liquidily, Maturity and the Yield on U.S. Treasury Securities [J]. Journal of Finance, 1991（46）: 1411-1425.

［2］Amihud. Y., Fisher L. Derterminants of Risk Premiums on Corporate Bonds [J]. Journal of Political Econonlys, 1959, 67（3）: 217-237.

［3］Anne-Marie Anderson, Nandu Nayar. Debt Issuance in the Face of Tax Loss Carry forwards [J]. Financial Review, 2010, 45（1）: 105-127.

［4］Arena M. P., Howe J. S. Takeover Exposure, Agency, and the Choice between Private and Public Debt [J]. Jounal of Financial Research, 2010, 32（2）: 199-230.

［5］Bao J., Pan J., Wang. The Luiquidity of Corprate Bonds [J]. Journal of Finance, 2011, 66（3）: 911-946.

［6］Barnett-Hart, Anna Katherine. The Story of the CDO Market Meltdown: An Empirical Analysis [R]. Harvard College: BA Dissertation, 2009.

［7］Berger A. N., Udell G. F. The Economics of Small Business Finance: The Roles of Private Equity and Debt Markets in the Financial Growth Cycle [J]. Journal of Risk and Insurance, 1998, 74（3）: 591-612.

［8］Berlin M., Mester L. J. Debt Covenants and Renegotiation [J]. Journal of Financial Intermediation, 1992, 2（2）: 95-133.

［9］Black E., Carnes T., Mosebach M., Moyer S. Regulatory Monitoring as a Substitute for Debt Covenants [J]. Journal of Accounting and Economics, 2004（37）: 367-391.

［10］Blackwell D. W., Kidwell D. S. An Investigation of Cost Differences between Public Sales and Private Placements of Debt [J]. Joarnal of Financial Economics, 1988（22）: 253-278.

［11］Cantillo M., Wright J. How do Firms Choose Their Lenders? [J] The Review of Financial

Saidies., 2000（13）: 155-189.

［12］Carayannopoulos P., Subhankar N. Debt Issuance under Rule 144A and Equity Valuation Effects [J]. Review of Pacific Basin Financial Markets and Policies, 2013.

［13］Carey M. S., Prowse S. D., J. D. Rea, Udell G. F. Recent Developments in He Market for Privately Placed Debt [J]. Federal Reserve Bulletin, 1993, 79（2）: 77-92.

［14］Carey M., Prowse S., Rea J., Udell G. The Changing Role of Life Insurance Companies in the Private Placement Market [R]// Altman E. I., Vanderhoof I. T. The Financial Dynamics of the Insurance Industry. Irwin Professional Pub., 1994.

［15］Carey M., Prowse S., Rea J., Udell G. The Economics of Private Placements: A New Look [J]. Financial Markets, Institutions and Instruments, 1993（2）: 1-67.

［16］Chaplinsky S., Ramchand L. The Impact of SEC Rule 144A on Corporate Debt Issuance by International Firms [J]. Journal of Business, 2004（77）: 1073-1097.

［17］Chaplinsky S., Ramchand L. The Rule 144A Debt Market: Success or Failure [C]. Fourth Annual Conforence for International Finamcial, Georgia Tech University, May 1998.

［18］Claes A., De Ceuster M. J. K., Polfliet R. Anatomy of the Eurobond Market 1980-2000 [J]. European Financial Management, 2002（8）: 373-385.

［19］Craig Pirrong. The Economics of Central Clearing: Theory and Practice [EB/OL]. [2011-05]. http://www.isda.org/a/yiEDE/isdadiscussion-ccp-pirrong.pdf.

［20］Craig, Karen Ann. Liquidity in the 144A Debt Market [R]. University of Tennessee, Doctoral Dissortation, 2012.

［21］Denis D. J., Mihov V. T. The Choice among Bank Debt, Non-Bank Private Debt, and Public Debt: Evidence from New Corporate Borrowings [J]. Journal of Financial Economics, 2003（70）: 3-28.

［22］Dhaliwal D. S., Khurana I. K., Pereira R. Firm Disclosure Policy and the Choice between Private and Public Debt [J]. Contemporary Accounting Research, 2011（28）: 293-330.

［23］Dhaliwal D., KhuranaI., R. Pereira. Costly Public Disclosure and the Choice between Private and Public Debt [R]. Working Paper, 2005.

［24］Diamond D. W. Monitoring and Reputation: The Choice between Bank Loans and Directly Placed Debt [J]. Journal of Political Economy, 1991（99）: 689-721.

［25］Esho N., Kollo M. G., Sharpe I. G. Eurobond Underwriter Spreads [J]. Accounting & Finance, 2006（46）: 71-95.

［26］Fenn G. W. Speed of Issuance and the Adequacy of Disclosure in the 144A High-Yield Debt Market [J]. Journal of Financial Economics，2000（56）：383-405.

［27］Fenn G. W.，Nellie. L.，Prowse. S. The Private Equity Market: An Overview [J]. Financial Markets，Institutions，and Instruments，1997，6（4）：1-106.

［28］Gomes A.，Phillips G. Why do Public Firms Issue Private and Public Securities? [J]. Journal of Fimancial Intermediation，2012（21）：619-658.

［29］Griffin J. M.，Nickerson J.，Tang D. Y. Rating Shopping or Catering? An Examination of the Response to Competitive Pressure for CDO Credit Ratings[J]. Review of Financial Studies，2013，26（9）：2270-2310.

［30］Griffin J. M.，Tang D. Y. Did Subjectivity Play a Role in CDO Credit Ratings?[J]. The Journal of Finance，2012（67）：1293-1328.

［31］Houston J.，James C.，Bank Information Monopolies and the Mix of Private and Public Debt Claims [J]. Journal of Finance，1996，51（5）：1863-1890.

［32］Huang R.，Ramirez G. G . Speed of Issuance，Lender Specialization，and the Rise of the 144A Debt Market [J]. Financial Management，2010（39）：643-673.

［33］ISDA. Counterparty Credit Risk Management in the US Over-the-Counter（OTC） Derivatives Market: A review of Monolinc Exposures [EB/OL]. [2011-09-02]. http:// www.isda.org/a/feiDE/Gounterparty-credit-risk-ii-monolines.pdf.

［34］Jennifer J. Johnson. Private Placements: A Regulatory Black Hole [J]. The Delaware Journal of Corporatela，2010（35）：151-198.

［35］Jian Hu. Assessing the Credit Risk of CDOs Backed by Structured Finance Securities: Rating Analysts' Challengers and Solutions [J]. The Journal of Structured Finance，2007，13（3）：43-59.

［36］João A.，Santos C. Why Firm Access to the Bond Market Differs over the Business Cycle: A Theory and Some Evidence [J]. Journal of Banking & Finance，2006，30（10）：2715-2736.

［37］Kale J. R.，Meneghetti C. The Choice between Public and Private Debt: A survey [J]. IIMB Management Review，2011，23（1）：5-14.

［38］Katherine Barnett-hart A. The Story of the CDOs Market Meltdown：An Empirical Analysis [D]. Harvard College：BA Dissertation，2009. http://www.hks.harvard.ede/ m-rcbg/students.

［39］Kenneth N. Daniels，Fernando Díaz Hurtado，Gabriel G. Ramírez. An Empirical Investigation of Corporate Bond Clawbacks（IPOCs）：Debt Renegotiation Versus Exercising the Clawback Option [J]. Journal of Corporate Finance，2013（20）：14-21.

［40］King T. H.，Khang K.，Nguyen H. The Determinants of Corporate Debt Mix [J]. Applied Economic，2016，48（4）：276-291.

［41］Klock M.，Mansi S.，Maxwell W. Does Corporate Governance Matter to Bondholders? [J]. Financ Quant Anal，2005（40）：693-719.

［42］Krishnaswami S.，Spindt P.，Subramaniam V. Information Asymmetry，Monitoring，and the Placement Structure of Corporate Debt [J]. Journal of Financial Economics，1999（51）：407-434.

［43］Laber G. Bond Covenants and Financial Management: Some Comparisons of Public and Private Debt [R]. University of Vermont Working Paper，1992.

［44］Livingston M.，Zhou L. The Impact of Rule 144A Debt Oerings upon Bond Yields and Underwriter Fees [J]. Financial Management，2002（31）：5-27.

［45］Matteo P. Arena. The Corporate Choice between Public Debt，Bank Loans，Traditional Private Debt Placements，and 144A Debt Issues [J]. Review of Quantitative Finance and Accounting，2011，36（3）：391-416.

［46］McCahery J.，Schwienbacher A. Bank Reputation in the Private Debt Market [J]. Journal of Corporate Finance，2010，16（4）：498-515.

［47］Mittoo U. R.，Zhang Z. The Evolving World of Regulations Debt Market: A Cross-Country Analysis [R]. Working Paper，2012.

［48］Mittoo U. R.，Zhang Z. The Evolving World of Rule 144A Market: A Cross-Country Analysis [R]. Working Paper，2011.

［49］Pottier S. W. The Determinants of Private Debt Holdings: Evidence from the Life Insurance Industry [J]. Journal of Risk and Insurance，2007（74）：591-612.

［50］Press E.，WeintropJ. Accounting-based Constraints in Public and Private Debt Agreements: Their Association with Leverage and Impact on Accounting Choice [J]. Journal of Accounting and Economics，1990（12）：65-95.

［51］Prowse S. D. The Economics of Private Placements: Middle-Market Corporate Finance，Life Insurance Companies，and a Credit Crunch [J]. Economic and Financial Policy Review，Federal Reserve Bank of Dallas，1997（3）：12-24.

［52］Rajesh P. Nara，Yanan Kasturi P.，RanganNanda K. Rangan.The Effect of Private-Debt-Underwriting Reputation on Bank Public-Debt Underwriting [J]. The Reveiew of Financial Study，2007，20（3）：597-618.

［53］Ritter J. R. Investment Banking and Securities Issuance [M]. Handbook of the Economics of Finamce（cedition I），2003.

［54］ Rongbing Huang，Gabriel G. Ramirez. The Rise of the Rule 144A Market for Convertible Debt Offerings [R]. Working Paper，2013.

［55］ S. Kwan，W. T. Carleton. Financial Contracting and the Choice between Private Placement and Publicly Offered Bonds [R]. Working Paper，Federal Reserve Bank of San Francisco，2004.

［56］ Society of Actuaries. 1986-2002 Credit Risk Loss Experience Study: Private Placement Bonds.［2006-04］.［EB/OL］www.soa.org/Files/Research/Exp-Study/ Report2002-2006418.pdf.

［57］ Sreedhar T. Bharath，Jayanthi Sunder，Shyam V. Sunder. Accounting Quality and Debt Contracting [J]. The Accounting Review，2008，83（1）: 1-28.

［58］ Uday Chandra，Nandkumar（Nandu）Nayar. The Information Content of Private Debt Placements [J]. Journal of Business Finance & Accounting，2008，35（9-10）: 1164-1195.

［59］ Yaw Owusu-Ansah. What Went Wrong? Examining Moody's Rated CDO Data [J/OL]. SSRN Electronic Journal，November，2012.

［60］ Yongheng Deng，Stuart Gabriel，Anthony Sanders. CDO Market Imposion and the Pricing of Subprime Mortgage-Backed Secrities [J]. Journal of Housing Economics，2011，20（2）: 68-80.

［61］ Zinbarg E. The Private Placement Loan Agreement [J]. Financial Analysts Journal，1975（31）: 33-52.

［62］ Zwick B. Yields on Privately Placed Corporate Bonds [J]. Journal of Finance，1980（35）: 23-29.

［63］ 安国俊. 私募债市场发展的国际经验 [J]. 中国金融，2012（18）: 51-52.

［64］ 巴曙松，牛播坤. 城镇化、利率市场化与资产证券化兴起：来自美国的启示 [J]. 债券，2013（11）: 10-17.

［65］ 巴曙松，牛播坤. 利率市场化与资产证券化兴起：来自美国的经验 [J]. 湖北经济学院学报，2013（9）: 5-19.

［66］ 曹萍. 美国高收益债券风险特征与投资者保护机制探讨 [J]. 证券市场导报，2013（2）: 59-65.

［67］ 曹萍. 台湾地区私募公司债市场的发展与启示 [J]. 南方金融，2013（8）: 56-58.

［68］ 陈腾龙，薛文忠. 发展中小企业高收益债券市场的问题及建议 [J]. 证券市场导报，2012（6）: 73-77.

［69］陈颖健.高收益债券监管的法律问题研究——超越私募和公募界限的制度设计［J］.
证券市场导报，2012（10）：4-13.

［70］何诚颖.私募债券发行：国际经验、国内现状及对市场影响［EB/OL］.［2012-03-
27］.http://hechengying.blog.caixin.com/archives/38916.

［71］李佳.资产证券化对流动性周期的影响机制研究［J］.云南财经大学学报，2013
（4）：113-119.

［72］李经纬，张协.中小企业私募债：困境和出路［J］.上海金融，2014（4）：18-21.

［73］李永森.中小企业私募债的风险防控［J］.中国金融，2012（18）：49-50.

［74］李湛.借鉴美国144A规则，推动中小企私募债发展［N］.中国证券报，2012-
07-30.

［75］李湛.银行间债券市场私募债券发行现状与制度设计研究［J］.农村金融研究，
2012（8）：37-42.

［76］刘元根.中国资产证券化现状及发展探讨［J］.经济研究导刊，2013（5）：73-74.

［77］王剑.欧美地区资产证券化监管的差异、影响与启示［J］.金融管理，2013（4）：
32-25.

［78］王磊.基础设施资产证券化融资模式研究［D］.财政部财政科学研究所硕士学位论
文，2013.

［79］吴阮超.资产证券化中基础资产转让的法律问题研究［D］.华东政法大学硕士学位
论文，2013.

［80］肖伟波.我国高收益债券的发展及其风险研究［D］.西南财经大学硕士学位论文，
2012.

［81］许赛君.我国资产证券化中的投资者权益保护研究——以投资者权利救济为视角
［J］.特区经济，2014（2）：115-118.

［82］尹启华.资产证券化应用于地方政府融资平台的适应性研究［J］.资本市场，2013
（1）：66-68.

［83］俞子耀，王俊如.中小企业私募债券增信面临的困惑及相关建议［J］.债券，2013
（3）：56-59.

［84］张国平.论我国资产证券化中的特殊目的载体［J］.江海学刊，2013（6）：127-132.

［85］张利.美国资产证券化研究［D］.吉林大学博士学位论文，2013.

［86］张明喜，徐镱菲.发行高新技术企业高收益债券的探讨［J］.南方金融，2012（5）：
70-72.

［87］张鹏，李松梁.重启资产证券化：国际经验与我国实践［J］.金融理论与实践，
2013（4）：104-108.

［88］张若轩. 资产证券化风险防范法律制度研究 [D]. 上海师范大学硕士学位论文，2013.

［89］张帅，陈锐. 担保债务凭证（CDOs）：回顾和启示 [J]. 中国证券，2014（7）：17-24.

［90］张帅. 不能用标准化思路推进资产证券化 [N]. 上海证券报，2014-07-11.

［91］张帅. 刚性兑付不利私募债市场发展 [N]. 中国证券报，2014-04-11.

［92］张帅. 央行调节人民币汇率预期事半功倍 [J]. 环球财经，2014（4）：77-79.

［93］张帅. 中小企业私募债为何叫好难叫座 [J]. 债券，2014（4）：52-56.

［94］赵丹宁. 中小企业私募债信用风险研究 [D]. 吉林大学硕士学位论文，2013.

［95］赵名恒. 我国中小企业私募债券风险研究 [D]. 山东大学硕士学位论文，2014.

［96］中国外汇交易中心课题组. 我国资产证券化的路径选择与制度安排 [J]. 上海金融，2013（11）：71-77.

［97］2013 年中国资产证券化年度报告 [EB/OL]. [2014-01-29]. http://www.chinasecuritization. cn/studydetail.alp?id=21849.

［98］钟姝. 中小企业私募债信用风险研究 [D]. 浙江大学硕士学位论文，2013.

# 后 记

　　本书的写作背景，是 2012 年上海证券交易所和深圳证券交易所都出台了中小企业私募债的相关管理办法，国内业界对私募债券融资发展抱着很大的期望，研究和实践都快速跟进，但中小企业私募债作为一个新生事物，相关理论研究还相对缺乏，私募债与"高收益债""垃圾债"等概念仍有较大的混淆，私募债从发行到监管、从融资到投资，都仍然有浓厚的"公募思维"，当时我在国信证券博士后工作站进行博士后研究，真切感受到无论在理论上还是实践上，都需要对私募债做一个深入的探讨和分析。

　　在研究过程中，我从私募债的源起开始，从 1933 年《美国证券法案》到 2012 年的 JOBs 法案，对私募债立法和监管的演变进行了认真梳理，旨在说明作为注册豁免的私募债，是长期实践中法律监管成本和收益不断权衡的产物（在本书中为第八章）。随后，我着重对美国私募债市场的信用评级和违约、市场结构等方面进行研究，旨在说明私募债不是"垃圾债"，也不是"高收益债"，私募债市场本质上是一个"货卖识家"的市场，应该有自己独特的风险收益平衡点。同时，作为 2008 年国际金融危机主要风险载体的 CDOs 产品，本质上也是一种私募结构化债券，我通过考察 CDOs 产品的兴衰演变，说明美国投行如何"成也萧何，败也萧何"，在我国资产证券化快速发展过程中，要"前事不忘，后事之师"，引以为鉴。此外，研究过程中，我也对私募债市场的流动性、发行方式、国际市场的融资者等进行了专题的探究，以期能够更加全面且深化对私募债券融资的认识和理解，特别是国内大多数企业的海外融资都是以私募的方式开展的，我也着力提供了相关融资的法律依据、融资成本的确定、融资环境和风险等相关内容。

本书出版之际，得赐机缘并蒙学恩者，有胡培兆教授、胡继之先生、何诚颖教授、徐长生教授、钟春平教授、王占海博士、陈锐博士等，本人在此致以深切的谢意。出版过程中，经济管理出版社的编辑老师给予了热忱、耐心、专业和细致的帮助，使本书能够顺利出版，致以特别的感谢。在博士后及工作期间，家人默默的付出和守望给予我不断前行的动力，儿子家瑜的稚问和趣探让我从另一个角度感受到探索未知的乐趣，本书写作离不开他们的支持，在此表示我深深的爱意和感谢。